T0197156

essentials

essentials liefern aktuelles Wissen in konzentrierter Form. Die Essenz dessen, worauf es als „State-of-the-Art" in der gegenwärtigen Fachdiskussion oder in der Praxis ankommt. *essentials* informieren schnell, unkompliziert und verständlich

- als Einführung in ein aktuelles Thema aus Ihrem Fachgebiet
- als Einstieg in ein für Sie noch unbekanntes Themenfeld
- als Einblick, um zum Thema mitreden zu können

Die Bücher in elektronischer und gedruckter Form bringen das Fachwissen von Springerautor*innen kompakt zur Darstellung. Sie sind besonders für die Nutzung als eBook auf Tablet-PCs, eBook-Readern und Smartphones geeignet. *essentials* sind Wissensbausteine aus den Wirtschafts-, Sozial- und Geisteswissenschaften, aus Technik und Naturwissenschaften sowie aus Medizin, Psychologie und Gesundheitsberufen. Von renommierten Autor*innen aller Springer-Verlagsmarken.

Weitere Bände in der Reihe https://link.springer.com/bookseries/13088

Erich Schäfer · Antje Ebersbach

Die digitale Transformation in der Weiterbildung

Befunde, Konzepte und Perspektiven

Erich Schäfer
Jena, Deutschland

Antje Ebersbach
Jena, Deutschland

ISSN 2197-6708 ISSN 2197-6716 (electronic)
essentials
ISBN 978-3-662-64604-5 ISBN 978-3-662-64605-2 (eBook)
https://doi.org/10.1007/978-3-662-64605-2

Die Deutsche Nationalbibliothek verzeichnet diese Publikation in der Deutschen Nationalbibliografie; detaillierte bibliografische Daten sind im Internet über http://dnb.d-nb.de abrufbar.

Planung/Lektorat: Marion Krämer
Springer ist ein Imprint der eingetragenen Gesellschaft Springer-Verlag GmbH, DE und ist ein Teil von Springer Nature.
Die Anschrift der Gesellschaft ist: Heidelberger Platz 3, 14197 Berlin, Germany

Was Sie in diesem *essential* finden können

- Überblick über die neuesten Forschungen zu Aspekten der Digitalisierung in der Weiterbildung
- Herausforderungen einer Kultur der Digitalität
- Erkenntnisse über das Lehren und Lernen mit Medien im quartären Bildungssektor
- Erläuterungen zu den Begriffen Micro Learning, Mobile Learning, Learning Analytics, neues Lernen, Seamless Learning und Learning Ecosystem
- Bildungspolitische Einordnung der Entwicklungen in den Digitalisierungsprozessen

Inhaltsverzeichnis

1 Einleitung

Das Verhältnis der Weiterbildung zur digitalen Transformation ist mindestens ein zweifaches; einerseits ist die Weiterbildung ein Instrument, um die sich vollziehenden digitalen Veränderungen erfolgreich zu gestalten und andererseits ist die Weiterbildung von den zum Teil disruptiven Umbrüchen selbst betroffen. Wenn im Folgenden von Weiterbildung die Rede ist, so ist damit erstens das Lernen auf individueller, gruppenbezogener und organisationaler Ebene gemeint und zweitens das System der institutionalisierten Erwachsenen- und Weiterbildung, der quartäre Bildungssektor.

Wir erleben gerade eine tief greifende gesellschaftliche Transformation. Davon sind Arbeiten und Lernen unter dem Stichwort der Digitalisierung zentral betroffen. „Lernen neu zu denken umfasst also weit mehr als digitale Technik. Ja, es bedarf neuer Infrastruktur, neuer Lernplattformen und neuer Technologien" (FernUniversität, 2020, S. 3). Dies gilt für alle Bildungssektoren. Die Rollen von Lehrenden und Lernenden ändern sich. Lernen wird individueller, flexibler, selbstbestimmter und informeller. Gefragt sind hybride Lehr-Lern-Konzepte, die analoge und digitale Formate miteinander verbinden. Zusätzlich steigt der Grad der Vernetzung und neue kooperative Organisationsformen eröffnen neue synergetische Potenziale. Noch fehlt allerdings ein „angemessenes Verständnis dafür, wie die Digitalisierung auch das Lernen von Grund auf verändert hat – und weiter verändern wird" (ebd.).

Die Mehrheit der traditionellen Bildungsanbieter leidet sehr unter den Auswirkungen der COVID-19-Pandemie (Christ & Koscheck, 2021, S. 3 ff.). Die betriebliche Weiterbildung ist im Jahre 2020 regelrecht eingebrochen (Leifels, 2021). Fast 40 % der KMU haben ihre Weiterbildungsaktivitäten deutlich reduziert, die Hälfte davon auf null. Gleichzeitig steigt der Weiterbildungsbedarf an Digitalkompetenzen. Dies belegen sowohl die Erhebungen des Instituts der deutschen Wirtschaft (Seyda, 2021) als auch des schweizerischen Verbandes

E. Schäfer und A. Ebersbach, *Die digitale Transformation in der Weiterbildung*, essentials, https://doi.org/10.1007/978-3-662-64605-2_1

für Weiterbildung, der infolge der Pandemie gestiegene Anforderungen in den Bereichen Kommunikation und Agilität in kleinen und mittleren Unternehmen konstatiert (Gollob, 2021).

Sicher ist jetzt schon, dass die Corona-Pandemie für die Weiterbildung eine existenzielle Bedrohung ist: „Die Einnahmen der Institute sowie ihrer Lehrkräfte, Dozenten, Trainer und Teamer, die meist nebenberuflich in der Weiterbildung arbeiten, sind einfach weggebrochen. Es stand also schnell die Frage im Vordergrund: Wird die Branche die Pandemie finanziell überstehen? Das ist die große Differenz zur Schule“ (Schrader, 2021). Die Lockdowns haben das Herz der Erwachsenenbildung berührt (Käpplinger und Lichte 2020) und ihre relative Bedeutungslosigkeit im bildungspolitischen Diskurs aufgezeigt (Gnahs, 2021).

Die Erfahrungen mit virtuellen Bildungsangeboten, die während der Lockdowns gesammelt wurden, lassen sich zum einen als Beispiele einer Emergency-Remote-Teaching-Lösung und zum anderen als ein Lernexperiment, das ein großes Potenzial an Kreativität freigesetzt hat, beschreiben. Ein komplettes Zurück ins vor der Corona-Krise Vertraute und Gewohnte wird es nicht mehr geben. Virtuelle und hybride Konzepte haben Einzug in den Regelbetrieb der Weiterbildung gehalten.

Digitale Kommunikationsformate sind in alle Poren unseres Alltags eingedrungen und verändern Kultur und Gesellschaft. Wir befinden uns in einem umfassenden Mediatisierungsprozess, in dem die realen Dinge „Repräsentanzen in der symbolischen Welt der Computernetze erhalten, von der aus sie gesteuert und bedient werden“ (Krotz, 2016, S. 17). Mediatisierung bezeichnet einen Metaprozess sozialen und kulturellen Wandels. Die Datafizierung als Steuerung der sozialen Welt mit Hilfe digitaler Daten durchzieht alle Bereiche der Lebenswelt (Aßmann et al., 2016).

Für die Weiterbildung haben die Prozesse der Digitalisierung, Datafizierung und Mediatisierung drei Dimensionen: eine strategische, eine inhaltlich sowie eine technische. Erst in ihrem Zusammenspiel lässt sich die Frage beantworten: Wie kann Bildung künftig so gestaltet werden, dass sie in einer digitalisierten Welt mehr gesellschaftliche Teilhabe ermöglicht, die Individuen ihre Autonomie im Lernprozess erhalten und das Passungsverhältnis von personalen und organisationalen Lern- und Bildungsprozessen austariert werden kann.

In diesem essential wird ausgelotet, in welche Richtung die Reise gehen kann. Es richtet sich an Fach- und Führungskräfte in Einrichtungen der Weiterbildung und ihren Verbänden, Führungskräfte im Personalwesen und der Organisationsentwicklung in Unternehmen sowie an jene, die als pädagogisches Personal in unterschiedlichen Funktionen tätig sind. Dieser Personenkreis gehört zu den Treibern des lebenslangen Lernens, das eine wichtige Basis für moderne Führung ist.

Dem Zusammenspiel beider Faktoren kommt entscheidende Bedeutung bei der Gestaltung der digitalen Transformation zu.

Am Anfang der Auseinandersetzung mit der digitalen Transformation in der Weiterbildung wird auf die zentrale Herausforderung einer Kultur der Digitalität, die kontinuierliche Selbsterneuerung, eingegangen. Anschließend richtet sich der Blick auf das Lehren und Lernen mit Medien im quartären Bildungssektor. Danach folgt die Beschäftigung mit den Kennzeichen und Potenzialen digitaler Bildungsmedien anhand eines Mehrebenenmodells; es wird ein Bogen geschlagen von den gesellschaftlichen, institutionellen und organisatorischen Rahmenbedingungen in der VUKA-Welt[1] über die Programmplanung und Angebotsgestaltung bis hin zu den Rollenanforderungen des Weiterbildungspersonals. Abschließend werden mit Bezug auf die Anbieter von Weiterbildung fünf Schritte zur Nachhaltigkeit der digitalen Transformation formuliert und ein Fazit gezogen, das anhand von möglichen Zukunftsszenarien einen Ausblick gibt.

[1] VUKA ist das Akronym der englischen Begriffe volatility, uncertainty, complexity und ambiguity.

2 Kontinuierliche Selbsterneuerung als Herausforderung einer Kultur der Digitalität

Unsere Gesellschaft erlebt gegenwärtig den Übergang von der Epoche des Buches in die Epoche der digitalen Medien. Jede Gesellschaft verfügt über ein Leitmedium und dieses verändert sich gerade. Vorausgegangen sind die Epoche der Mündlichkeit in der Stammesgesellschaft und die Epoche der Schriftlichkeit, welche die antike Hochkultur begründete. Nach der Analyse von Mc Luhan, der mit seinem Klassiker „Die Gutenberg-Galaxis" (1962) den Grundstein für eine moderne Medientheorie legte, wurde bereits Mitte des letzten Jahrhunderts das Ende des Buchzeitalters eingeläutet. Die Übergänge von den einzelnen Epochen sind jeweils mit tief greifenden Veränderungen der Struktur und Kultur einer Gesellschaft verbunden.

Wir erleben heute eine „grundlegende Veränderung der Art, wie Wissen generiert und dargestellt wird. Die Digitalität – verstanden als von digitalen Technologien geprägte Bedingung, wie wir etwas über die Welt erfahren und wie wir mit der Welt verbunden sind – erlaubt uns andere Beziehungen zu knüpfen, neue Muster der Darstellung zu suchen und den bisherigen Mustern zu misstrauen" (Stalder, 2019, S. 51). Die zentrale Herausforderung der „Kultur der Digitalität" (Stalder, 2016) ist dabei die Komplexitätszunahme.

Digitalisierung ist eine Entwicklung, „die die Gesellschaft und ihre Funktionssysteme durchdringt" (Kerres & Buntins, 2020, S. 12), deshalb lässt sich keine trennscharfe Grenze mehr ziehen zwischen einer Bildung, die sich digitaler oder nicht-digitaler Medien und entsprechender Infrastrukturen bedient. Das Digitale ist längst in unsere Handlungspraktiken eingebettet. „Die Digitalisierung des klassischen Lernraumes steht (…) der Sozialisierung des digitalen Lernraumes gegenüber" (Kerres, 2016, S. 41). Digitale Medien halten verstärkt Einzug in traditionelles Lehren und Lernen in zeitlich und örtlich gebundener Präsenz

E. Schäfer und A. Ebersbach, *Die digitale Transformation in der Weiterbildung*, essentials, https://doi.org/10.1007/978-3-662-64605-2_2

und das Lehren und Lernen im Internet wird gleichzeitig sozialer und kommunikativer. Beide Entwicklungen vollziehen sich parallel zueinander und laufen aufeinander zu; dies wird als Seamless Learning (Looi et al., 2019) bezeichnet.

Mit der Digitalisierung ist ein grundlegender Wandel in der Arbeits- und Organisationsstruktur verbunden (Egetenmeyer et al., 2020, S. 30); dieser hat Auswirkungen auf die gesellschaftliche Bedeutungs- und Werteproduktion. Mediatisierungsprozesse, die auf digitaler Technik beruhen, führen zu einem Wandel sozialer Situationen. Die grundlegenden Veränderungen machen es verständlich, warum zum Teil eine Ambivalenz gegenüber digitalen Medien in der Weiterbildung anzutreffen ist. Das Spektrum der Einstellungen reicht dabei von Kulturpessimismus bis Technikeuphorie.

Die Digitalisierung erfordert nicht nur veränderte technologische und finanzielle Rahmenbedingungen, sondern auch eine veränderte Unternehmenskultur und veränderte personelle Ressourcen (Deutscher Volkshochschul-Verband, 2019). Die Digitalisierung bezieht sich auf den gesamten Bildungsprozess. Deshalb ist bei strategischen Überlegungen zur Digitalisierung in der Weiterbildung der gesamte Bildungsprozess mit all seinen Ebenen vom gesellschaftlichen und institutionellen Kontext, über die Programme und Angebote bis hin zum Personal und den Teilnehmenden einzubeziehen. Für diese, verschiedene Aspekte integrierende Sicht- und Handlungsweise, verwenden Scharnberg und Waffner (2020, S. 8) den Begriff der ‚Medienintegration': „Weder die Verfügbarkeit von Technik noch pädagogische Kompetenz allein haben die Kraft, Bildung in einer digitalen Welt zu gestalten. Auch verlieren Vorgaben der Leitungen ihre Wirkung, wenn sie nicht an eine gelebte Praxis geknüpft werden. Erst im Zusammenspiel von Didaktik, Technik und strategischer Steuerung findet Medienintegration statt und können neue pädagogische Lernszenarien entwickelt werden".

Um erfolgreich mit den Herausforderungen der Digitalisierung bei einer gleichzeitig erlebten Beschleunigung von disruptiven Veränderungen in der VUKA-Welt umgehen zu können, sind Organisationen auf individueller, Team- und Führungsebene herausgefordert, sich kontinuierlich selbst zu erneuern.

Ausgehend von den Megatrends der Beschleunigung, Digitalisierung und Globalisierung beschäftigt sich Gergs (2016) mit den gegenwärtig anzutreffenden Typen von Veränderung in der Organisationswelt. Gergs differenziert zunächst zwei Achsen des Wandels. Auf der ersten wird zwischen einem Wandel der ersten und zweiten Ordnung unterschieden. Mit dem Wandel erster Ordnung werden Veränderungen innerhalb eines selbst invariant bleibenden Systems bezeichnet. Der Referenzrahmen bleibt konstant, es findet kein grundsätzlicher Paradigmenwechsel statt, die Veränderungen beschränken sich auf einzelne Aspekte und sind eher quantitativer Art. Demgegenüber ist der Wandel zweiter Ordnung ein qualitativer, paradigmatischer, der die gesamte Organisation betrifft und die Frage nach einer neuen Identität stellt. Die zweite Achse bezieht sich auf die zeitliche Perspektive des Wandels. Der episodische Wandel beschreibt zeitlich begrenzte Veränderungsprozesse, die bewusst initiiert werden und eine bewusste Ausnahme darstellen. Der kontinuierliche Wandel vollzieht sich dagegen als kaum merklicher, emergenter Prozess in den alltäglichen Abläufen der Organisation. Aufgrund der beiden skizzierten Dimensionen ergeben sich vier Idealtypen von Veränderungsprozessen.

Der Veränderungstypus *,Optimierung bisheriger Praxis'* beschreibt einen Veränderungstypus bei dem bestehende Strukturen, Prozesse und Praktiken einer kontinuierlichen Verbesserung unterzogen werden.

Der Veränderungstypus *,Operatives Krisenmanagement'* tritt auf, wenn es aus Sicht der Leitungsebene darum geht, möglichst schnell auf eine als Problem wahrgenommene Situation zu reagieren.

Der Veränderungstypus *,Radikale Transformation'* ist durch hohe Prozesskomplexität bei geringer Sicherheit gekennzeichnet. Die Organisation ist in ihrer Existenz bedroht und sieht deshalb die Notwendigkeit, in relativ kurzer Zeit nicht nur Strukturen und Prozesse grundlegend zu verändern, sondern sich ggf. selbst neu zu erfinden.

Der Veränderungstypus *,Kontinuierliche Selbsterneuerung'* kennzeichnet eine Situation, in der durch die Steigerung der Lernfähigkeit auf allen Ebenen der Organisation, sich das System selbst mit hinreichenden Impulsen für einen stetigen Wandel ausstattet und damit dessen Fortbestand sichert.

Wird Organisationsentwicklung als kontinuierliche Selbsterneuerung verstanden, so ist dies ein Ausdruck dafür, dass alle Mitglieder der Organisation sowohl in diesem System als auch an dem System selbst arbeiten.

Angesichts der disruptiven Veränderungen, die sowohl Weiterbildungsinstitutionen als auch Unternehmen derzeit erleben, besteht die Herausforderung darin, vom Modus der radikalen Transformation zum Modus der kontinuierlichen Selbsterneuerung zu wechseln. Für die Prozesse der Weiterbildung bedeutet dies, neben dem Single-Loop-Lernen, das auf den internen und externen Wandel reagiert, ebenso ein Double-Loop-Lernen zu praktizieren, das die Zielstellungen des Lernens, seine Rahmenbedingungen und Kontexte selbst reflektiert und ggf. modifiziert. Doch dabei darf es nicht bleiben. Mit dem Deutero-Lernen ist schließlich die Fähigkeit von Institutionen, Betrieben und Unternehmen angesprochen, ihre Lernfähigkeit selbst zu verbessern und ihre Lernprozesse so zu gestalten, dass sie zu einer lernenden Organisation werden (Argyris & Schön,

1996). Noch ist dieses Ziel vielfach nicht erreicht und bleibt ein anzustrebender Zustand. Wie die Situation im quartären Bildungssektor momentan aussieht, behandelt das nächste Kapitel.

3 Lehren und Lernen mit Medien im quartären Bildungssektor

Aufgrund der Heterogenität des quartären Sektors und der defizitären Datenlage ist es schwer, ein klares Bild zur digitalen Transformation im Feld der Weiterbildung zu zeichnen (Rohs, 2019, S. 119 f.). Die Beschäftigung mit Prozessen der Digitalisierung im Bereich der Weiterbildungsforschung ist bisher eher fragmentarisch (Bernhard-Skala et al., 2021).

Zunächst gilt es an die Besonderheiten des quartären Bildungssektors zu erinnern und einen Blick auf die Begrifflichkeiten zu werfen, die weder einheitlich noch trennscharf in Bezug auf das Verständnis von Digitalisierungsprozessen sind.

Im Unterschied zur schulischen und beruflichen Bildung sowie zum Hochschulstudium weist die Weiterbildung einige besondere Merkmale auf. Hierzu gehören die Diversität der Lernenden, die Lehrplanfreiheit und der niedrige Formalisierungsgrad, die geringe staatliche Regulierung, die Pluralität der Träger sowie die relativ geringen öffentlichen Bildungsausgaben.

Die Weiterbildung hat ihren Ursprung gleichermaßen im Prozess der Aufklärung und der Industrialisierung. Ihre Begründungen oszillieren deshalb zwischen diesen beiden Polen. Weiterbildung verortet sich heute in der Schnittmenge von mindestens drei Teilbereichen der politischen Gestaltung: der Wirtschafts- und Beschäftigungspolitik, der Sozialpolitik sowie der Bildungs- und Kulturpolitik.

In der jüngeren Vergangenheit ist das Bewusstsein dafür gewachsen, dass der Nutzen der Weiterbildung über den Erwerb spezifischer Kenntnisse und Fähigkeiten hinausgeht. Aktuelle Forschungen belegen die monetären und nichtmonetären Erträge von Weiterbildung (Schrader et al., 2020).

Wie die OECD (2021) in ihrer Studie „Continuing Education and Training in Germany" konstatiert, steht Deutschland vor der Herausforderung, sich bei der Weiterbildung stärker um die Bedürfnisse Geringqualifizierter zu kümmern und insgesamt sein Weiterbildungssystem kohärenter zu gestalten. Eine zentrale

E. Schäfer und A. Ebersbach, *Die digitale Transformation in der Weiterbildung*, essentials, https://doi.org/10.1007/978-3-662-64605-2_3

Empfehlung der Studie ist, die komplexen Strukturen der deutschen Weiterbildungslandschaft zu vereinfachen, um für die Adressaten mehr Transparenz und Vergleichbarkeit zu schaffen. Ein nationales Weiterbildungsgesetz könnte einen Rahmen setzen, der Zuständigkeiten, Organisation, Anerkennung, Finanzierung und Qualitätsstandards regelt.

Wenn verkürzt die Rede von ‚digitaler Bildung' ist, wie bspw. bei der vom BMBF (2021) ins Leben gerufenen „Initiative Digitale Bildung", der „Charta Digitale Bildung" (Gesellschaft für Informatik, 2019) oder bei der Namensgebung des Bundesverbandes „Digitale Bildung e. V.", so gilt es diesen Begriff kritisch zu hinterfragen. Zumindest sachlich ist er falsch, „weil Bildung nach keiner mir bekannten Bildungstheorie digital sein kann", wie Vollbrecht (2018, S. 26) zutreffend konstatiert. Es handelt sich um eine „entleerte Sammelbezeichnung, ein eingängiges Label (…), das für alles und nichts gebraucht werden kann" (Kübler, 2018, S. 17). Auf den Punkt bringt es der Rat für Kulturelle Bildung (2019, S. 22), wenn er schreibt, „digitale Bildung an sich gibt es nicht". Was existiert, ist eine Bildung in der digital vernetzten Welt sowie eine Auseinandersetzung um Deutungshoheiten im Bildungsbereich und Versuche, Zielsetzungen der Digitalwirtschaft im Bildungs- und Wissenschaftsbereich durchzusetzen (Altenrath et al., 2020).

Anstatt von digitaler Bildung sollte präziser und zutreffender die Rede von digitalen Bildungsinfrastrukturen, Lernen mit digitalen Medien bzw. Lernen über Entwicklungen in der Digitalisierung sein. Die sog. digitale Bildung ist nicht die Digitalisierung der Bildung. Jenseits der begrifflichen Unterschiede lassen sich drei Perspektiven auf die Prozesse der Digitalisierung differenzieren: eine technisch-mediale, eine gesellschaftlich-kulturelle sowie eine anwendungs- und interaktionsbezogene (Brinda et al., 2019).

Kennzeichnende Charakteristika des Lehrens und Lernens mit (digitalen) Technologien sind die folgenden Punkte:

- Die *Ortsunabhängigkeit* verleiht ein hohes Maß an Flexibilität und Anpassungsfähigkeit; dadurch lassen sich Distanzen problemlos überwinden und Lernorte und Lerngegenstände können in virtuellen Lernszenarien erfahrbar gemacht werden.
- Die *zeitliche Unabhängigkeit* lässt die Verknüpfung synchroner und asynchroner Lernphasen sowie die Vernetzung von Präsenzphasen und virtuellen Phasen zu.
- Der Lernprozess kann auf die jeweiligen Bedürfnisse angepasst *individualisiert* und personalisiert werden.

- Das Interaktivitäts-, Partizipations- und Kollaborationspotenzial erlaubt mehr *Selbststeuerung des Lernprozesses* durch die Lernenden.

Die genannten Merkmale verbinden sich mit den Trends zum *mobilen Lernen* und zum *informellen Lernen* in sozialen Netzwerken. Das Lernen durch soziale Netzwerkbildung im Medium von Online-Lernen stellt neue Herausforderungen an das Arrangement von Weiterbildung.

Seit den 2000er Jahren richten sich die Erwartungen und Hoffnungen auf eine mediatisierte Lernwelt. Hierunter wird das Lernen in einer digital vernetzten Welt verstanden. Sie reicht von Formen des klassischen E-Learnings, mit real bzw. virtuell lokalisierbaren Bildungsangeboten, bis hin zu jenen, vollständig in die Lebens- und Berufswelt der teilhabenden Individuen integrierten Formen digitalen Lernens. Mediatisierte Lernwelten speisen sich aus der Mobilität, Flexibilität, Interaktivität, Konvergenz und Konnektivität bereits existierender Elemente der technischen Entwicklung, die in ihrer Kombination neue Optionen eröffnen. Die mediatisierten Lernwelten durchdringen gleichermaßen formale, nichtformale und informelle Lernprozesse.

Die Klagen über den Rückstand Deutschlands in der digitalen Bildung wurden vor dem Jahr 2020 mit unterschiedlicher Intensität vorgetragen, besonders nachdrücklich von Müller-Eiselt und Dräger (2015). Dabei richten sich die Hoffnungen, aber auch die Befürchtungen auf das adaptive Lernen, das in automatisierter Form individualisiertes und an die jeweiligen Bedürfnisse der Lernenden angepasstes Wissen zu vermitteln verspricht.

Der Begriff *adaptives Lernen* steht für die Anpassung einer sich permanent ändernden Lernsituation an unterschiedliche Lernverständnisse, Lehrmethoden und -inhalte in Abhängigkeit von dem didaktischen Ziel sowie den Fähigkeiten und Fertigkeiten der Lernenden. Beim adaptiven Lernen lassen sich über Algorithmen eine Unmenge an Daten zum individuellen Lernverhalten generieren. So wird es möglich, die individuellen Stärken und Schwächen der Lernenden zu erkennen und anschließend in die Lernsteuerung einzubringen. Die Vorstellungen gehen dahin, dass „humanoide Computer als digitale Lernpartner unsere personalisierten Lernprozesse begleiten" (Sauter, 2016, S. 34). Hieraus ergeben sich mehrere Fragenkomplexe:

- Wie passt ein solches Lernen zu dem Selbstverständnis und den Werten der Weiterbildungsanbieter?
- Können auf diese Weise jenseits der Wissensaneignung Haltungen und Kompetenzen erworben werden?

- Wird ein solches Lernen dem Anspruch auf gesellschaftliche Teilhabe in einer demokratischen Gesellschaft gerecht?
- Werden erwachsene Lernende bereit sein, sich freiwillig auf ein adaptives Lernen einzulassen?
- Was bedeutet es für Lernende, wenn sie sich einem System anvertrauen, das sie in seinen Operationen und Algorithmen nicht hinterfragen, nicht verstehen und nicht nachvollziehen können (Krotz, 2016, S. 26)?
- Wie lässt sich der Anspruch nach einem autonomen und selbstverantworteten Lernen einlösen? Kann ein Lernender sicher sein, dass er über seine im Lernprozess gewonnenen Daten verfügen kann?
- Wie lassen sich in einer globalisierten Bildungswelt amerikanische Firmen auf europäische Datenschutzrichtlinien verpflichten?
- Wer verhindert, dass die gewonnenen Daten nicht an Dritte, wie z. B. Personalvermittler und potenzielle Arbeitgeber, weitergegeben werden und eine Ausbeutung persönlicher Datenprofile stattfindet?

Die zukünftige Aufgabe besteht darin, Mediatisierungspfade zu entwickeln, die befriedigende Antworten auf die aufgeworfenen Fragen geben. Dabei können Pilotprojekte oder soziale Start-ups helfen.

Die Einstellungen und Haltungen gegenüber der Digitalisierung sind ambivalent. Zum einen trägt Digitalisierung zur Öffnung von Bildung bei, wenn sie als Open Education in einer Kultur des Teilens verstanden wird. Zum anderen wird Bildung als Ware begriffen, die reguliertes Lernen mit vorgefertigten Inhalten offeriert (Kerres & Buntins, 2020, S. 18 f.). Empirische Daten weisen darauf hin, dass sich bestehende Disparitäten eher verstärken und die Gefahr einer digitalen Spaltung real ist (Sturm, 2021). Die jüngsten Ergebnisse der AES-Zusatzstudie zur Digitalisierung in der Weiterbildung (BMBF, 2020, S. 5) weisen deutlich darauf hin, dass „Bildung mit digitalen Medien nicht etwa einem Chancenausgleich für Personen mit geringer Bildungsaffinität“ dient, sondern eher „im doppelten Sinne“ benachteiligend ist. Wie eine repräsentative Befragung des Instituts für Demoskopie Allensbach im Auftrag der Stiftung Lesen (Ehmig, 2021) zeigt, drohen bildungs- und leseferne Bevölkerungsgruppen durch eine zunehmende Digitalisierung abgehängt zu werden, weil sie sich Anforderungen gegenübersehen, denen sie faktisch nicht gewachsen sind.

Der AES-Trendbericht liefert bereits Ergebnisse zur Mediennutzung im Rahmen des informellen Lernens; demnach findet derzeit knapp jede dritte diesbezügliche Bildungsaktivität mit digitalen Medien statt (BMBF, 2019, S. 5, 58 f.). Die Corona-Pandemie hat zwar einen Digitalisierungsschub bewirkt, aber auch die noch vorhandenen Defizite klar aufgezeigt. Der Nationale Bildungsbericht „Bildung in Deutschland" (Autorengruppe Bildungsberichterstattung, 2020, S. 301) kommt bezüglich des Standes der Digitalisierung zu dem Ergebnis, dass einerseits das „Lehrpersonal in der Weiterbildung (…) nahezu vollständig auf selbstorganisiertes und informelles Lernen angewiesen" ist und andererseits die Förderpolitik kaum „über die Bildungsbereiche hinweg koordiniert ist".

In einem Positionspapier weist das Leibniz-Forschungsnetzwerk Bildungspotenziale (LERN, 2020) darauf hin, dass die derzeitigen Anstrengungen zur digitalen Wende an den Bildungseinrichtungen zwar zu begrüßen sind, sie jedoch zu zögerlich geschehen und zudem die Gefahr bergen, dass sie zu kurz greifen. Das Netzwerk schlägt vor, ein Gesamtkonzept zu entwickeln, in dem die Maßnahmen der einzelnen Bildungsbereiche bestmöglich ineinandergreifen. Dabei ergibt sich „eine besondere Herausforderung für die politische Steuerung (…) durch die Heterogenität institutioneller Strukturen und Zuständigkeiten über die Bildungsbereiche (…) hinweg" (ebd., S. 6).

Wie Studien des Schweizerischen Verbands für Weiterbildung (SVEB) zusammen mit der PH Zürich (Sgier et al., 2018), der Bertelsmann-Stiftung (Schmid et al., 2018) sowie des Wuppertaler Kreises (2019) zeigen, wird digitalen Medien von den Weiterbildungseinrichtungen zwar eine hohe strategische Relevanz zugeschrieben, die Potenziale wurden bis zur Coronakrise aber nur begrenzt genutzt. Auf der einen Seite sind Lern-Management-Systeme (LMS) wie bspw. Ilias, Moodle, Drupal oder Canvas bzw. Learning Experience Plattformen (LXP) das Resultat der Digitalisierung von traditionellen Bildungssettings; auf der anderen Seite sind Personal Learning Environments (PLE) das Resultat der Digitalisierung von sozialen Beziehungen. Wie LMS, LXP und PLE sinnvoll aufeinander bezogen und in Bildungsprozessen miteinander verbunden werden können, ist vor dem Hintergrund, dass Individuen für sich selbst andere Werkzeuge nutzen als die, auf die Unternehmen für die Entwicklung ihres Personals setzen, derzeit weitgehend eine noch offene Frage.

Die Erfahrungen in der Corona-Krise haben gezeigt, dass trotz der Digitalisierung die Präsenzformate unverzichtbar bleiben. Die zentrale Herausforderung für die weitere Digitalisierung wird darin bestehen, auf ein abgestimmtes „Zusammenspiel von technischer Infrastruktur, personeller Professionalisierung und institutioneller Konzeptualisierung" (Autorengruppe Bildungsberichterstattung, 2020, S. 25) zu achten. In den folgenden Kapiteln wird auf die verschiedenen Ebenen eines Mehrebenenmodells von den gesellschaftlichen, über die institutionellen und organisationalen Kontexte, die Programmplanung und Angebotsgestaltung bis hin zu den Personalaspekten eingegangen.

4 Neues Lernen in der VUKA-Welt – der gesellschaftliche Kontext

In den letzten Jahren hat sich die Dringlichkeit selbstorganisierten Lernens aufgrund der Herausforderungen der VUKA-Welt massiv erhöht. Angesichts dessen kommt es sowohl innerhalb als auch außerhalb der Unternehmen und Organisationen zu einer Komplexitätszunahme bei gleichzeitiger Beschleunigung von Veränderungsprozessen. Bezogen auf die aktuell zu bewältigenden gesellschaftlichen Herausforderungen fällt ins Auge, dass das schon seit Jahrzehnten postulierte Prinzip des lebenslangen Lernens (Schäfer, 2021) endlich für breite Schichten der Bevölkerung zur gesellschaftlichen Realität wird.

Lernen kann auf individueller, teambezogener oder organisationaler Ebene stattfinden. Am Anfang jeglicher Lernprozesse steht eine Diskrepanzerfahrung zwischen den spezifischen Anforderungen einer Situation und den Fähigkeiten und Fertigkeiten, um damit verbundene Herausforderungen zu meistern. Wenn die Differenzerfahrung zu einem Wandel der bisherigen Wahrnehmungs-, Deutungs- und Handlungsstrukturen eines Systems führt, findet eine Umstrukturierung von Erfahrungen statt. Die veränderten Denk- und Handlungsprozesse unterliegen sodann einer Habitualisierung bis sie wieder irritiert werden und eine neue Chance für das Lernen entsteht. Lernen beschreibt insofern einen sich spiralförmig immer wieder auf neuen Ebenen vollziehenden Transformationsprozess, dessen Gelingen entscheidend von der jeweiligen Lernkultur abhängt (vgl. Abb. 4.1).

Neben dem Trend zum lebenslangen Lernen setzt sich zunehmend die Erkenntnis durch, dass es darauf ankommt, Lernen und Arbeiten enger miteinander zu verknüpfen und Lernen in den Arbeitsalltag zu integrieren. Für den Wissens- und Kompetenzerwerb gilt das 70:20:10 Modell; dieses basiert auf den Ergebnissen der Untersuchungen von Lombardo und Eichinger (1996). Demzufolge findet Lernen zu 70 % in Form von Workplace Learning, zu 20 % durch

E. Schäfer und A. Ebersbach, *Die digitale Transformation in der Weiterbildung*, essentials, https://doi.org/10.1007/978-3-662-64605-2_4

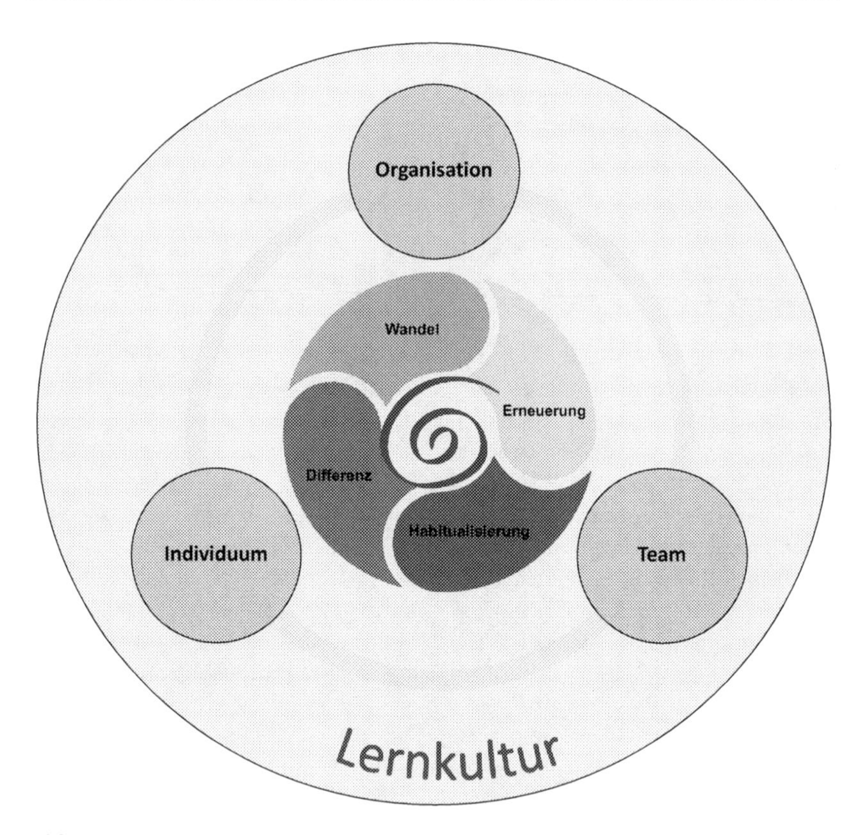

Abb. 4.1 Transformationsmodell des Lernens

soziales Lernen im Austausch und zu 10 % durch formales und nicht-formales Lernen statt.

Analog zu den drei Arten des Lernens unterscheidet Sauter (2017) drei Stufen der Kompetenzentwicklung, die auf der Praxisstufe, der Coachingstufe sowie der Trainingsstufe. Allen drei Arten des Lernens ist gemeinsam, dass ein Wissenserwerb auf Vorrat heute nur noch wenig Sinn macht, weil er nicht zeitnah umgesetzt werden kann. Benötigt wird immer mehr ein Wissen just-in-time, was zu einem Lernen auf Abruf, dem Learning on demand führt.

Was unter *neuem Lernen* verstanden werden kann, skizziert die Haufe Akademie (2019) in dem Whitepaper „Megatrend Neues Lernen". Neues Lernen zeichnet sich demnach durch die ganzheitliche Betrachtung dreier Dimensionen aus. Dies sind die Mitarbeitenden, die Organisation und das Arbeitsumfeld. Das Ziel der Weiterbildung wird darin gesehen, sowohl für künftige Aufgaben als auch für den aktuellen Bedarf fit zu machen und zwar gleichermaßen auf individueller und organisatorischer Ebene. Als Erfolgsbedingung für eine ganzheitliche Weiterbildungsstrategie wird angesehen, dass es gelingt, eine Unternehmens- und Lernkultur zu etablieren, in der Lernen zu einer akzeptierten Selbstverständlichkeit der Arbeit wird, indem diese lernförderlich gestaltet wird.

Da diese Kulturveränderung strukturelle Rahmenbedingungen erfordert, ist es erstens wichtig, dass identifizierte Zugangsbarrieren beseitigt und gleichzeitig ein Angebot von analogen und digitalen Plattformen für den Austausch im arbeitsintegrierten Lernen geschaffen werden. Zweitens gilt es eine professionelle Lernbegleitung in Form eines optionalen Unterstützungssystems für Individuen und Teams vorzuhalten. Drittens bedarf es der Aufklärung über die Möglichkeiten agiler Lernformate wie bspw. die kollegiale Fallberatung, Rotation Days, FedEx Days etc. Viertens ist die Vorbildfunktion von Leitungs- und Führungskräften von zentraler Bedeutung, wenn es darum geht, Modelle für Lernen zu präsentieren.

Neues Lernen zeichnet sich insbesondere durch seine agilen Lehr-Lern-Formate aus. Diese orientieren sich mehr an Lernbedarfen als an vorgegebenen Lernzielen. Um Lernformate zu systematisieren, bietet sich eine Differenzierung anhand der Polaritäten selbstgesteuert vs. geleitet/gesteuert einerseits und formal vs. informell andererseits an (Sammet & Wolf, 2019, S. 9 f.).

In Lehr-Lern-Prozessen sind die beiden Merkmale häufig unterschiedlich kombiniert. Dabei können diese sowohl analog wie digital sein. Sammet (2020) unterscheidet vier Formate:

Bei *formal-gesteuerten* Formaten wie bspw. Online- und Face-to-Face-Trainingseinheiten probieren die Lernenden unter Anleitung in einem geschützten Raum Neues aus und bekommen Feedback.

Formal-selbstgesteuerte Formate eigenen sich besonders für das Lernen von Faktenwissen. Die Lernenden folgen zwar einem Lernprogramm, organisieren ihren Lernprozess aber selbst. Formate wie Lernvideos, Webbased Trainings, Online-Kurse, Serious Games oder Augmented Reality gehören in diese Gruppe.

Informell-gesteuerte Formate bieten einen strukturierten und geleiteten Erfahrungsaustausch an. Die Verantwortung für das Lernen bleibt bei den Lernenden selbst. Zu diesen Formaten zählen u. a. Barcamps, kollegiale Beratung, Q&A Sessions oder Daily Feedbacks.

Zu den informell-selbstgesteuerten Formaten gehören der Austausch in Netzwerken, Communities of Practice oder das eigenständige Suchen von Informationen via Internet.

Unabhängig von den gewählten Lernformaten ist es wichtig, dass Lernbegleiter ganz im Sinne der Erkenntnisse der Neurobiologie in der Lage sind, die Lernenden einzuladen, zu inspirieren und zu ermutigen (Hüther, 2015, S. 16), durch entsprechende Lernsettings das Lernen zu ermöglichen und den Lernenden die Chance zu geben, „etwas in sich selbst zu entdecken" (Hartkemeyer et al., 2015, S. 95).

Um die Ziele eines ganzheitlichen Ansatzes von neuem Lernen in den Unternehmen und Organisationen umzusetzen, ist die Personalentwicklung gefordert; sie spielt zunehmend eine strategische Rolle in den Unternehmen. Aufgrund größerer Spielräume bei Budget und Personal, einhergehend mit einer hohen Wertschätzung für das Lernen im Unternehmen, geben in der Studie „Workplace Learning Report 2019" (LinkedIn, 2019) 82 % der Befragten an, dass die Führungskräfte in ihrem Unternehmen die Mitarbeitenden aktiv dabei unterstützen, sich weiterzubilden. Führungskräfte in der Personalentwicklung werden ganz im Sinne einer Ermöglichungsdidaktik zu Erleichterern und Befähigern von kooperativem, situiertem und kompetenzorientiertem Lernen; sie übernehmen dabei nicht selten die Rolle von Coaches.

In der VUKA-Welt, mit ihren zunehmend liquiden Organisationen kommt es mehr als jemals zuvor darauf an, Arbeiten, Lernen und Führung passungsbezogen, kontextgeeignet und zukunftsorientiert im Dialog mit relevanten Anderen zu gestalten. Das selbstorganisierte Lernen im Arbeitsprozess gelingt dort besonders gut, wo die entsprechenden Rahmenbedingungen gegeben sind. Hierzu gehören flache Hierarchien, vertrauensvolle und wertschätzende Zusammenarbeit, Fehlertoleranz, Freiräume für Entwicklungen, personelle und finanzielle Ressourcen, Transparenz, Partizipation sowie vielfältige Kommunikationsmöglichkeiten. Sind die entsprechenden Voraussetzungen geschaffen, kann sich co-kreatives Lernen entfalten, das die Bedingungen dafür schafft „Zukunftsmöglichkeiten gemeinsam zu erspüren und in die Wirklichkeit zu bringen" (Schirmer, 2019, S. 157 f.).

Die Potenziale der digitalen Technologien als materielle und informationelle Basis der Wissensgesellschaft werden eine positive Wirkung entfalten können, wenn die anlogen Rahmenbedingungen stimmen und Individuen, Teams sowie Organisationen gleichermaßen von den technologischen Errungenschaften profitieren.

Offene Angebote im Netz führen nicht zwangsläufig dazu, dass sich die Bildungsbeteiligung erhöht; sie können im Gegenteil sogar bestehende Disparitäten verstärken. Daraus resultiert die Herausforderung, „wie Zugang und Teilhabe an

Bildung im Internet sichergestellt bzw. verbreitert“ (Kerres & Buntins, 2020, S. 19) und eine zunehmende Kommerzialisierung von Lebenswelten sowie Bildungsorten in den Strukturen eines digitalen Kapitalismus verhindert werden kann.

Gesellschaftspolitisch wird die Frage zu beantworten sein, ob entweder ein Ansatz von ‚open education‘, der Bildung als öffentliches Gut versteht, und Lernen als Partizipation in einer Kultur des Teilens präferiert, oder ob Bildung als Ware verstanden wird, die reguliertes Lernen mit vorgefertigten Inhalten vorsieht (Kerres & Buntins, 2020, S. 19). In welche Richtung das Pendel ausschlagen wird, hängt von politischen Aushandlungs- und Willensbildungsprozessen ab. Deshalb ist es notwendig, einen Diskurs „über Leitbilder der künftigen gesellschaftlichen, wirtschaftlichen und medialen Entwicklung“ (Niesyto, 2021, S. 23) zu führen.

5 Vom Emergency-Remote-Modus zur Digitalisierungsstrategie – der institutionelle und organisationale Kontext

Durch die Corona-Krise hat die Branche der Educational Technologies (EdTech) profitiert. Es wird in Lösungen investiert, die sich direkt an die Lernenden richten und darauf abzielen, klassische Bildungsinstitutionen zu ersetzen. Dabei droht Europa abgehängt zu werden. Es werden Milliarden Dollar von Venture-Capital in amerikanische und chinesische EdTech-Unternehmen investiert. Als Plattformen etablieren sich Coursera, FutureLearn, Degreed sowie Udacity. Den beruflichen Weiterbildungsmarkt bedienen zunehmend internationale Anbieter (Schmid, 2021)[1].

Die gegenwärtige Realität einer traditionellen Weiterbildungseinrichtung mit ihrem regionalen Aktionsradius ist überwiegend stark in bewährten Formen organisiert. Gleichzeitig steigt das Interesse an Fernunterricht und Fernstudium (Fogolin, 2021). Nicht akademische und hochschulische Bildungsangebote in Form von Distance Learning bieten ein etabliertes Format, um Weiterbildung mit Erwerbstätigkeit, familiären Verpflichtungen oder Einschränkungen in der Mobilität vereinbaren zu können.

Wie die Bundesregierung im April 2021 verkündet hat, plant sie den Aufbau einer nationalen Bildungsplattform als Teil einer digitalen Serviceinfrastruktur. Es sollen bestehende und neue digitale Bildungsplattformen zu einem bundesweiten und europäisch anschlussfähigen Plattform-System verknüpft werden. Auf diese Weise soll eine Infrastruktur entstehen, über die bildungsbereichsübergreifend digital gestützte Bildungsinhalte zugänglich und vernetzt werden. Die nationale Bildungsplattform soll im Jahre 2023 an den Start gehen.

[1] Der EdTech-Kompass des Hochschulforums Digitalisierung liefert für den Bereich ‚Lebenslanges Lernen‘ Informationen über Produkte und Dienstleistungen von EdTech-Unternehmen: https://hochschulforumdigitalisierung.de/de/edtech-kompass.

E. Schäfer und A. Ebersbach, *Die digitale Transformation in der Weiterbildung*, essentials, https://doi.org/10.1007/978-3-662-64605-2_5

Eine im September 2020 veröffentlichte Befragung des Instituts für Arbeitsmarkt- und Berufsforschung zur betrieblichen Weiterbildung in der Covid-19-Pandemie (Bellmann et al., 2020) kommt zu dem Ergebnis, dass 44 % der weiterbildenden Betriebe E-Learning während der Krise deutlich stärker genutzt haben als vor der Krise. Ein „gutes Drittel hat diese Lernform in der Krise neu eingeführt. Bei jedem fünften Betrieb ist das Niveau des E-Learnings im Vergleich zu der Zeit vor der Krise in etwa gleichgeblieben" (ebd., S. 3 f.). 44 % haben die Möglichkeiten des E-Learnings, die sie vor der Corona-Krise schon nutzten, ausgebaut. Von den 21 % der Betriebe, die von Ende Oktober bis Anfang November 2020 in Kurzarbeit waren, gab nur jeder zehnte an, die ausgefallene Arbeitszeit für Weiterbildungszwecke zu nutzen (ebd., S. 7).

Wurden vor Beginn der Corona-Pandemie 35 % aller Qualifizierungsmaßnahmen von Wirtschaftsunternehmen in Deutschland digital angeboten; sind es im Sommer 2020 bereits 54 %. Während bei 21 % der Befragten in der ersten Phase der Corona-Krise das Weiterbildungsbudget sank, stagnierte es bei 49 % lediglich. Allerdings ist der Anteil an Weiterbildungen im Bereich der digitalen Schlüsselqualifikationen seit März 2020 um 75 % gestiegen. Zu diesen Ergebnissen kommt eine im August 2020 im Auftrag des Stifterverbandes für die Deutsche Wissenschaft e. V. in Zusammenarbeit mit McKinsey & Company durchgeführte Onlineumfrage zum Thema Qualifizierungsmaßnahmen (Kirchherr et al., 2021, S. 4).

Was lässt sich über den Einsatz der digitalen Technik auf Organisationsebene von Weiterbildungsanbietern sagen? Aufschlüsse hierzu bieten die Ergebnisse der wbmonitor Umfrage 2019 (Christ et al., 2020). Im Bereich der Angebotsvermarktung haben alle Anbieter eine Internetpräsenz mit eigener Webseite; diese erweist sich zur Gewinnung neuer Teilnehmenden bzw. Kunden als zwingend erforderlich, wenngleich die Kursbuchungen über die eigene Webseite lediglich einen Wert von 64 % erreichen. Abgesehen vom Intranet werden die anderen abgefragten Einsatzmöglichkeiten digitaler Technik durch die Mitarbeitenden nicht mehrheitlich genutzt. Hinsichtlich der Telearbeit und virtueller Arbeitstreffen dürfte sich dies durch die andauernde Corona-Pandemie deutlich verändert haben. Im Bereich der Verwaltung praktiziert knapp die Hälfte (47 %) der Anbieter automatisierte Prozesse im Rechnungswesen bzw. in der Buchhaltung. Etwas mehr als ein Viertel der Einrichtungen (27 %) führt digitale Evaluationen ihrer Veranstaltungen mittels Onlinefragebögen durch. Die relativ höchsten Werte beim Einsatz digitaler Technik weisen Anbieter der wissenschaftlichen Weiterbildung und die wirtschaftsnahen Bildungszentren von Kammern, Innungen und Berufsverbänden auf.

Wie der Blick auf die technische Ausstattung zeigt, weist diese noch Defizite auf. Fast alle Einrichtungen verfügen über Beamer (95 %) und digitale Endgeräte. Während letztere für Lehrende überwiegend vorhanden sind, ist die Situation bei den Lernenden deutlich schlechter; hier liegt der Ausstattungsgrad deutlich niedriger. Differenziert nach der Art der Einrichtung und des Typs der Hardware gibt es erhebliche Unterschiede der Ausstattung.

Eine Grundvoraussetzung für digitales Lernen ist ein dauerhafter Internetzugang in Veranstaltungsräumen. Weiterbildungsanbieter zeichnen sich dadurch aus, dass sie ihre Kurse, Seminare und Veranstaltungen in vielen unterschiedlichen, zum Teil gemieteten Räumen durchführen. Die Tatsache, dass ca. 88 % der Anbieter in ihren Räumen am Hauptstandort über einen dauerhaften Internetzugang in den Veranstaltungsräumen verfügen, sagt noch nichts über den Anteil des Veranstaltungsvolumens aus, das dort realisiert wird. Differenziert nach der Art der Einrichtung sind die Unterschiede relativ gering.

Hinsichtlich des Einsatzes digitaler Bildungsmedien ist die Situation in der deutschen Weiterbildungslandschaft äußerst disparat, und zwar aus den folgenden Gründen:

- Aufgrund der strukturellen Gegebenheiten sind die monetären Möglichkeiten der verschiedenen Träger sehr unterschiedlich.
- Auf Seiten der verantwortlichen Entscheider in den Bildungseinrichtungen und -abteilungen gibt es eine Tendenz zu einer überkommenen Lernkultur.
- Einstellungen und Medienkompetenzen von Dozierenden und Teilnehmenden wirken sich auf die Bildungspraxis aus. Bei den Lehrenden können nicht immer die notwendigen technischen Medienkompetenzen vorausgesetzt werden; auch aufseiten der Teilnehmenden ist die Affinität zu neuen digitalen Lernmedien nicht besonders ausgeprägt.
- In jenen Fällen, in denen auf mediales Lehr- und Lernmaterial zurückgegriffen werden kann, wird dessen häufig unzureichende methodisch-didaktische Aufbereitung beklagt; ist diese gegeben, so wird auf den hohen Aufwand für die ständige Aktualisierung hingewiesen.
- Ein weiteres Hindernis bezieht sich auf die Überschätzung der Selbststeuerungskompetenz der erwachsenen Lernenden sowie das Fehlen von Lernsteuerungsmechanismen bei Online-Lernangeboten.

Menschen sind immer schwerer mit klassischen Präsenz- als auch E-Learning-Seminaren, die ein hierarchisiertes Vorratslernen offerieren, zu erreichen. Stattdessen folgen sie lieber eigenen Lernpfaden, indem sie sich beispielsweise für ein individuelles, selbstbestimmtes Lernen in informellen Lernnetzwerken entscheiden. Dies fördert einerseits die Fähigkeit zur Selbststeuerung der eigenen Lernprozesse und die Verantwortung für die eigene Weiterbildung. Andererseits sind damit Risiken und Gefahren verbunden. In Zeiten des sog. ‚Postfaktischen' erleben wir eine Wahrheitskrise, die vor wissenschaftlichen Erkenntnissen nicht Halt macht. Fake-News fordern zur sorgfältigen Quellenrecherche und der Entwicklung von Strategien zur Beurteilung der Glaubwürdigkeit von Nachrichten heraus. Social Bots, künstliche Intelligenzen, die sich unzählig in sozialen Netzwerken tummeln und gezielt Beiträge liken und retweeten, haben potenziell einen großen Einfluss auf die Meinungsbildung und sind eine Bedrohung für die Demokratie. Soziale Medien sind in der Gefahr, zu Echokammern bzw. Filterblasen zu werden, in denen das Risiko, sich in einer reinen Zustimmungsumgebung zu befinden, steigt.

Künftig wird es darum gehen, wie Social Learning als situatives Lernen, das in enger Verbindung zu ehrenamtlichen oder beruflichen Kontexten steht, durch Angebote eines Peer-to-Peer-Lernens, Formen von Kollaboration und Lerncoaching unterstützt werden kann. Die Zukunft gehört einem „Learning in the flow of work" (Bersin & Zao-Sanders, 2019), das informell, selbstorganisiert, kooperativ und kollaborativ ist.

Für ein handlungsorientiertes Lernen ‚just in time' und ‚on demand' ist besonders die Vermittlung von Erfahrungswissen gefragt. Neben den üblichen Quellen für Lerninhalte kommen zusätzlich Blogs, Podcasts, How-to-Videos, Quick-Talk-Videos sowie die Beiträge in den Archiven und Mediatheken der öffentlich-rechtlichen und privaten Medienanstalten, die Europaeana als europäisches Digitalarchiv für Kulturbestände, die Lernkanäle auf einschlägigen Lernplattformen sowie die ständig steigende Zahl von Open Educational Ressources (OER) infrage. Entsprechende Recherchen durchzuführen, Material zu sichten, dessen Qualität zu prüfen, die Inhalte leicht zugänglich zu machen und schließlich aktuell zu halten, erfordert einen nicht unerheblichen Ressourceneinsatz. Es wäre allerdings ein Irrtum zu glauben, beim Lernen ginge es lediglich um eine Wissensvermittlung; diese ist „nicht mehr die zukunftsentscheidende Aufgabe von Bildung, sondern der Erwerb von Haltungen und Kompetenzen" (EduAction Erklärung, 2016). Diese erfordern intensive Reflexionsprozesse im Austausch mit anderen; hier sind neue Formate des Lerncoachings durch Mitarbeitende und Führungskräfte gefragt.

Die skizzierten Entwicklungen machen plausibel, warum die Zukunft dem *Learning Ecosystem* gehört (Schmitz & Foelsing, 2021). Überträgt man den Ökosystemansatz auf die Gestaltung des Lernens in Organisationen, so spricht

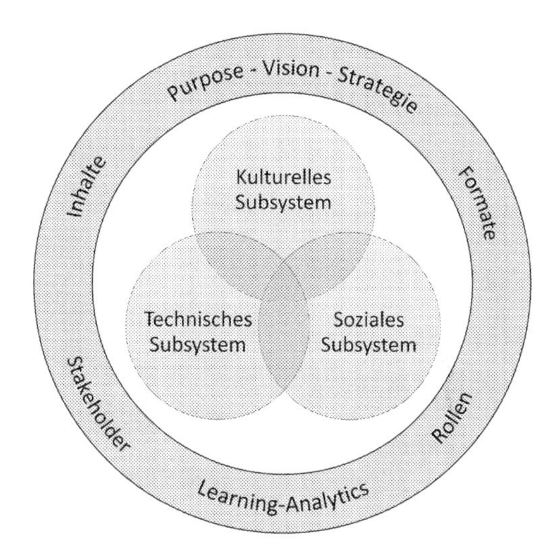

Abb. 5.1 Learning Ecosystem. (Quelle: in Anlehnung an Schmitz & Foelsing, 2021)

man von einem Learning Ecosystem. Lernökosysteme bestehen aus dem dynamischen Zusammenspiel unterschiedlicher Aspekte; hierzu gehören die kulturellen, sozialen und technischen Subsysteme, der physische und virtuelle Raum sowie Purpose, Vision und Strategie, Inhalte, Formate, Rollen, Stakeholder sowie Learning Analytics (vgl. Abb. 5.1). Durch die individuell gestaltete Interaktion der genannten Elemente entsteht ein System, das sich eigendynamisch entwickelt und einen Rahmen für das selbstgesteuerte Lernen schafft. Das Learning Ecosystem befördert einerseits ein cross-funktional verankertes Lernen und kann andererseits zu einer Existenzbedrohung traditioneller Weiterbildungsanbieter werden. Deshalb ist es so wichtig, dass Weiterbildungseinrichtungen und Betriebe eine Strategie im Umgang mit diesen Tendenzen entwickeln. Das Learning Ecosystem beschreibt die Elemente der Binnenstruktur des Transfermodell des Lernens auf individueller, teambezogener und organisationaler Ebene.

Die Forcierung der Digitalisierung in Institutionen der Weiterbildung verspricht besonders zielführend und von Erfolg gekrönt zu sein, wenn eine *Digitalisierungsstrategie* vorhanden ist (Egetenmeyer et al., 2020, S. 28). Auf dieser Basis kann es gelingen,

- die Aufbau- und Ablauforganisation an die neuen Erfordernisse anzupassen,
- neue Produkte und Dienstleistungen (Beratung, Anerkennung, Evaluation, Prüfung etc.) zu entwickeln,
- die technischen Rahmenbedingungen und Infrastrukturen zu schaffen,

- den finanziellen Bedarf bereitzustellen,
- die digitale Governance und den Umgang mit den digitalen Daten zu regeln,
- die Kooperationen und Netzwerke zu aktivieren bzw. zu schaffen und
- die Nachhaltigkeit der Veränderungen institutionell abzusichern.

Neben diesen eher harten Faktoren gilt es drei weitere Aspekte nicht zu unterschätzen:

Erstens ist es von zentraler Bedeutung, eine *Offenheit* in der Arbeits- und Organisationskultur herzustellen, welche die Voraussetzung für die angestrebten Veränderungen erst schafft und die Wertschöpfung durch die Wertschätzung der Bildungsarbeit ermöglicht.

Zweitens gilt es einen *kritisch-reflektierten Umgang* mit digitalen Medien zu fördern, um weder in Kulturpessimismus noch Technikeuphorie abzugleiten.

Drittens ist auf eine eng miteinander verzahnte und *integrierte Personal- und Organisationsentwicklung* zu achten, die Passungsdialoge und ein Transflexing[2] zulassen.

Abschließend gilt es noch einen Aspekt zum institutionellen Kontext für jene Weiterbildungsorganisationen zu ergänzen, die einer Dachorganisation angehören, was allerdings nicht auf alle Träger und Einrichtungen zutrifft. Existiert eine Dachorganisation, so fällt dieser eine zentrale Bedeutung für Kooperation und Netzwerkarbeit zu. Durch eine entsprechende Förderung der Kooperationen mit Partnereinrichtungen unter dem gemeinsamen Dach lässt sich die Netzwerkarbeit ausbauen und so die eigene Leistungsfähigkeit und Resilienz und Risikokompetenz (Barz, 2021) steigern. Das Benchmarking der Einrichtungen einer Dachorganisation vermag außerdem Impulse für die eigene Fortentwicklung als lernende Organisation zu geben. Schließlich lassen sich mit der Verfügbarkeit eines gemeinsamen Netzwerk- und Lernmanagement-Systems sowie einer gemeinsamen Wissensdatenbank für alle Mitgliedseinrichtungen Synergieeffekte erzielen (Egetenmeyer et al., 2020, S. 28).

In ihrer Modellierung eines Reifegradmodells für Bildungsorganisationen (Egloffstein et al., 2019, S. 35) unterscheiden die Autoren zunächst fünf Dimensionen und Indikatoren (Ausstattung und Technik, Strategie und Führung, Organisation, Mitarbeitende sowie Kultur). Die sechste Dimension ‚Digitales Lehren und Lernen' bezieht sich auf die Kernprozesse einer Bildungsorganisation. Wie die Autoren betonen, sind die unterschiedenen Dimensionen nicht isoliert voneinander zu betrachten, sondern beeinflussen sich gegenseitig. Anhand von

[2] Mit der Wortschöpfung des Transflexings wird der Zusammenhang von Reflexion und Transformation zum Ausdruck gebracht (Kühl et al., 2018, S. 58 ff.).

Indexwerten werden fünf digitale Reifegrade unterschieden: ‚digitale Minimalisten', ‚digitale Konservative', ‚digitale Pragmatiker', ‚digitale Fortgeschrittene' und ‚digitale Vorreiter'. Die Operationalisierung erfolgte über die Befragung der Mitarbeitenden eines Bildungswerks in Nordrhein-Westfalen. Auch wenn die Ergebnisse auf einer Selbsteinschätzung beruhen, so lassen sich daraus Handlungsempfehlungen für weitere Schritte der Personal- und Organisationsentwicklung ableiten, um die digitale Transformation einer lernenden Organisation zu unterstützen. Dabei stellt sich die Frage, wie die mit der künstlichen Intelligenz (KI) verbundenen Herausforderungen gemeistert werden können.

Datengetriebene Sozialtechnologien erweisen sich zunehmend als eine neue Bildungsherausforderung. Eine bedeutende Rolle kommt dabei dem Scoring zu, das eine Form der Erhebung und Analyse von Leistungen und Verhalten darstellt, die in einem Score, einer Bewertung, zusammengefasst wird. Ein Beispiel hierfür ist das Social-Credit-System. Scoring-Praktiken als Bewertungsinstrumente aus bildungsbezogenen Datenerhebungen und -verarbeitungen sind gleichermaßen ein pädagogisches, politisches und rechtliches Thema. Sie werden zu einer Herausforderung nicht nur für die Medienkompetenzvermittlung, sondern auch für den gesellschaftlichen Diskurs und die politische Entscheidungsprozesse (Zorn, 2021, S. 217).

Bevor Data Analytics genutzt werden, kommt es darauf an, eine datenbasierte (Lern-)Kultur zu entwickeln. KI-Systeme sind kein Selbstzweck, sondern sollen Lehrende wie Lernende in der Gestaltung von Lehr-Lern-Arrangements unterstützen. Wie dies aussehen könnte, zeigen Ifenthaler und Schumacher (2016) am Beispiel des Hochschulbereichs auf; diese Punkte lassen sich sehr gut auf die Weiterbildung übertragen.

Die Implementation von KI setzt – wie die Digitalisierung insgesamt – eine intensive Organisationsentwicklung auf den Ebenen der technischen, kulturellen und sozialen Subsysteme der Weiterbildungsinstitutionen voraus. Die Grundlage dafür ist die Bildungsdatenkompetenz (Educational Data Literacy). Darunter wird das ethisch verantwortliche Sammeln, Managen, Analysieren, Verstehen, Interpretieren und Anwenden von Daten aus dem Kontext des Lehrens und Lernens verstanden (Sampson et al., 2021).

6 Zwischen Analogem und Digitalem – Programmplanung und Angebotsgestaltung

Die digitalen Vernetzungs- und Kooperationsmöglichkeiten in Kombination mit der Nutzung von Lernmanagementsystemen, Learning Experience Plattformen und Personal Learning Environments steigern sowohl den Zugang zu, als auch die Schaffung von neuen Wissensinseln.

Vor dem Hintergrund der neu entstehenden Optionen sind Weiterbildungsanbieter herausgefordert, sich die Frage zu stellen, ob ihr bisheriges Paradigma der *Programmplanung,* nämlich Inhalte in Kursen zu organisieren, unter den Voraussetzungen und Möglichkeiten der Digitalisierung modifiziert werden sollte. Die Zukunft der Digitalisierung muss nicht darin liegen, einen traditionellen Kurs ins Internet zu überführen. „Als Alternative zur Kursförmigkeit bieten sich Bildungsplattformen an, in denen (offene) Bildungsressourcen zum Selbstlernen bereitstehen, die zeit- und ortsunabhängig jederzeit abgerufen werden können" (Kerres & Buntins, 2020, S. 17). Menschen, die sich kurzfristig neue Kompetenzen aneignen möchten, nutzen immer häufiger das *Micro Learning.* Gemeint sind damit kleine Lerneinheiten, die zwischen drei und 15 min Lernzeit in Anspruch nehmen und in Form von Videos oder Audios zugänglich sind. Diese sog. Learning Nuggets kommen sowohl bei privaten Lernanlässen als auch beim Performance Support im betrieblichen Bereich zur Verwendung und sind die Verbündeten des *Mobile Learning.* Diese Form des Lernens liegt im Trend, wie die eLearning Benchmarking Studie (Siepmann, 2021) zeigt. Die Attraktivität besteht darin, dass das Internet der ideale Ort ist, an dem ein solches Lernen ohne institutionelle Einbindung jederzeit möglich ist. Es ist schnell verfügbar, kostengünstig, gewährleistet einen schnellen Lerntransfer, wirkt sich damit motivational positiv aus und lässt sich zudem mit unterschiedlichen Lernformaten kombinieren.

Durch die im Internet zur Verfügung gestellten Info- und Mediatheken sowie die sozialen Medien hat sich das lifelong learning bereits nachhaltig verändert;

E. Schäfer und A. Ebersbach, *Die digitale Transformation in der Weiterbildung,* essentials, https://doi.org/10.1007/978-3-662-64605-2_6

dies ist ein Prozess, der gerade erst begonnen hat und weiter voranschreitet. Deshalb gilt es bei der Programmplanung durch die Weiterbildungsanbieter verstärkt nach neuen Inhalten, Formaten, Zielgruppen und Kooperationen unter Einbeziehung von Bildungsplattformen und Bildungsressourcen Ausschau zu halten. Die Herausforderung für die institutionalisierte Weiterbildung besteht darin, zu erkennen, dass das Lernen der Menschen immer individueller, informeller sowie zeit- und ortsunabhängiger wird. Der veränderte Umgang mit Wissen, Erfahrungen und die Reflexion der entsprechenden Erkenntnisse erfordert von den institutionalisierten Einrichtungen der Weiterbildung erweiterte Strategien der Programmplanung. Dies kann bedeuten, dass traditionelle Angebote überflüssig werden, dafür entstehen aber neue Bedarfe, die es zu befriedigen gilt.

Ebenso wird sich die *Angebotsgestaltung* auf die veränderten Anwendungsformen digitaler Medien einstellen müssen. Wenn Lernen flexibler, zeit- und ortsunabhängiger wird und eine stärkere Anpassung an die individuellen Bedürfnisse der Lernenden erforderlich wird, so ist dies erst der Anfang. Eine kategorial neue Anwendungsmöglichkeit muss damit noch nicht verbunden sein. Bereits seit einiger Zeit erleben wir eine Anreicherung von Präsenzveranstaltungen mit Technologien und digitalen Medien. Vollständig online durchgeführte Veranstaltungen bieten überdurchschnittlich häufig die Volkshochschulen, die (Fach-) Hochschulen, wissenschaftliche Akademien sowie betriebliche Bildungseinrichtungen an. Digitale Technologien werden im Kontext formaler Lehr-Lern-Prozesse vor allem zur Präsentation und Kommunikation in und im Kontext von Präsenzveranstaltungen genutzt. Reiner Präsenzunterricht und reines Online-Lernen sind die beiden Pole mit einer Fülle von Mischformen. Auf diese Weise entstehen vielfältige individuell kombinierbare Lehr-Lern-Situationen.

Bis unmittelbar vor der Corona-Krise dominierte bezüglich des Einsatzes digitaler Medien und Formate im Lehr-Lern-Prozess eine den klassischen Präsenzunterricht ergänzende bzw. unterstützende Nutzungsweise. In vielen Fällen handelt es sich dabei lediglich um eine Substitution von analogen Lernmedien durch digitale. Der angesprochene Paradigmenwechsel in der Programmplanung steht noch aus.

Das neue didaktische Potenzial digitaler Technologien liegt in Folgendem (Pietraß, 2020, S. 334):

- *Learning Analytics* ermöglichen es, Lernangebote an die Merkmale der Lernenden im Lernprozess anzupassen, indem die in bestimmten Dokumenten und Arbeitsweisen aufgezeichneten Prozesse erfassbar werden.

- *Interaktive bildbasierte Handlungswelten* in Form von Simulation und digitalen Spielen schaffen einen virtuellen Raum, in dem das Erproben und Erleben vorentworfener Handlungsoptionen möglich wird.
- Durch die Aufzeichnung von Kommunikation der Lernenden untereinander wird es möglich, durch ein gemeinsames *digitales kollaboratives Arbeiten und Lernen* ein gemeinsames Produkt zu erstellen; dies erfordert eine stärkere Koordination als die bloße Kooperation.

Mit Blick auf die bisherigen und die neuen didaktischen Potenziale lassen sich die Implikationen der Digitalisierung hinsichtlich der Angebotsgestaltung wie folgt resümieren:

Da sich jede Lehr-Lern-Situation als eine Kombination aus einer *Informations- und Kommunikationskomponente* verstehen lässt, ist bei den didaktischen *Settings* darauf zu achten, wie die Anteile von Information und Kommunikation kombiniert sind. Die Fragen, die es jeweils zu beantworten gilt, lauten: Über welche Kanäle und Medien werden die unterschiedlichen Informationen dargeboten? Durch welche Technologien und Medien wird die Interaktionsqualität der Kommunikation gestaltet?

Die Gestaltung der *Lernorganisation* weist *räumliche, zeitliche und soziale Dimensionen* auf. Diesbezüglich gilt es Antworten auf die Frage zu finden: Wie verteilen sich die Informations- und Kommunikationsanteile auf diese Dimensionen?

Die Technologien und Medien können unterschiedliche Funktionen bei der Erreichung von *Lernzielen* übernehmen. Hier stellen sich folgende Fragen: Welche medialen Hinweise, Impulse bzw. Tools können genutzt werden, um die vorab festgelegten *kognitiven* bzw. *affektiven* Lernziele zu erreichen (vgl. Abb. 6.1).

Jedes Weiterbildungsangebot lässt sich in einem dreidimensionalen Raum eindeutig verorten, dieser ermöglicht es, die Formate des Learning Ecosystems zu analysieren, zu konstruieren und zu reflektieren.

In Ergänzung zu dem dreidimensionalen Raum der Angebotsgestaltung werden *E-Learning-Szenarien* in der Regel nach dem Grad der Virtualisierung von der Präsenzveranstaltung mit begleitenden Online-Materialien über Formen von Blended Learning bis hin zu reinen Online-Angeboten unterschieden.

Bei der Gestaltung von Weiterbildungsangeboten lassen sich drei Szenarien netzbasierten Lehrens und Lernens unterscheiden (Bremer, o. J.):

Anreicherungskonzept: „Anreicherung der Präsenzlehre durch die Bereitstellung begleitender Materialien und ggf. auch Kommunikationsmedien".

Integrationskonzept: „Integrative Kombination und Verzahnung von Online- und Präsenzphasen. Online Angebote sind nicht mehr optional".

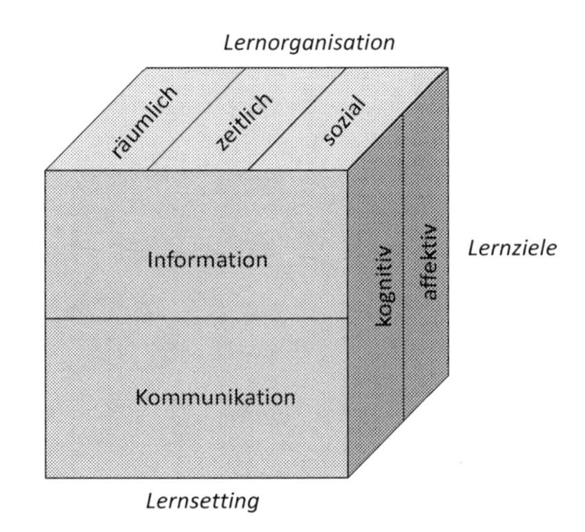

Abb. 6.1 Dreidimensionaler Raum der Angebotsgestaltung

Virtualisierungskonzept: „Ersatz von Präsenzangeboten durch reine online Angebote (z. B. als Online-Selbstlernkurse, Videovorlesungen, tutoriell begleitete oder kooperative Veranstaltungsformen)" (ebd., S. 1).

Beim Integrationskonzept können den in unterschiedlichen Rhythmen alternierend angebotenen Online- und Präsenzphasen verschiedene Funktionen zugeordnet werden.

Hinsichtlich des Virtualisierungskonzeptes ist festzuhalten, dass die Bedeutung der intensiven Betreuung und der soziale Kontakt umso wichtiger ist, je anspruchsvoller das zu erwerbende Wissen ist. „Fehlen soziale Bezüge unter den Teilnehmenden und zu den Lehrenden, so zeichnen sich in der Online-Lehre Abbrecherquoten wie in der traditionellen Fernlehre, im Fernstudium ab" (ebd., S. 5).

Neben dem Unterrichten, Informieren, Beraten und Animieren ist das *Arrangieren* eine Grundform pädagogischen Handelns, die besonders in der Weiterbildung von Bedeutung ist. Angesichts der Abwesenheit dezidierter Lerninstruktionen und der Einsicht in die prinzipielle Nichtprogrammierbarkeit des Lernens Erwachsener geht es darum, Lernsituationen zu erzeugen, die durch zurückhaltende Lernanweisungen des pädagogischen Personals gekennzeichnet sind und die mit ihrer kalkulierten Offenheit bestimmte Freiheitsspielräume für die Lernenden beinhalten (Lindner, 2014). Zu den Systemen der Unterstützung, die es zu arrangieren gilt, gehören ganz zentral die *Lehr-Lern-Settings* und *Formate,* die in ihrer praktischen Umsetzung methodischen und didaktischen Prinzipien unterliegen.

Es genügt nicht, bestehende analoge Konzepte in den virtuellen Raum zu übertragen; auch ist es nicht ausreichend, nur auf neu entwickelte digitale Tools und Programme zurückzugreifen. Die große Herausforderung für das Arrangieren von Lehr-Lern-Settings im virtuellen Raum besteht darin, Bewährtes aus Präsenzformaten in das Digitale zu überführen und gleichzeitig methodische Ansätze, die sich durch die Verlagerung in den virtuellen Raum ergeben, sinnhaft zu integrieren. Bei der Bewältigung der damit verbundenen Aufgaben kann das *SAMR-Modell* von Puentedura (2012) helfen. Das Akronym SAMR steht für Substitution, Augmentation, Modification, Redefinition (Ersetzung, Erweiterung, Änderung, Neubelegung).

- Auf der Ebene der *Ersetzung* treten an die Stelle analoger Aufgaben und Materialien digitale Arbeitsmittel, z. B. in Form digitalisierter Texte und Materialien statt gedruckter.
- Auf der Ebene der *Erweiterung* werden die analogen Aufgaben und Materialien funktional ergänzt, indem bspw. Multimedia-Inhalte verlinkt und eingebettet werden.
- Auf der Ebene der *Änderung* ermöglicht die digitale Technik eine Neugestaltung von Aufgaben und Materialien, z. B. durch die Integration von Soft- und Hardware bzw. digitalen Kommunikationswerkzeugen.
- Auf der Ebene der *Neubelegung* können gänzlich neuartige, zuvor nicht existierende Aufgaben und Materialien durch digitale Technik ermöglicht werden, bspw. das digitale Storytelling.

Durch bewusstes methodisches Arbeiten können Lehrende vielen Herausforderungen, die virtuelle Formate beinhalten, gezielt begegnen:

Die Verlagerung der Lernarrangements in den virtuellen Raum verlangt von Lehrenden und Lernenden mehr Konzentration. Die Lehrenden sollten deshalb klare *Lernziele* formulieren und diese mittels einer prägnanten methodischen Struktur und didaktischer Reduktion umsetzen.

Die zweite Herausforderung, das Verlassen des gewohnten sozialen Kontextes in Lehr-Lern-Arrangements und die neu zu findenden kollaborativen Strukturen, lassen sich mit gezielten methodischen Interventionen unterstützen, um eine bewusste *soziale Rahmung des Lernens* zu garantieren und den diskursiven Austausch zu fördern.

Eine dritte Herausforderung, die vor allem die Interaktion zwischen Lehrenden und Lernenden betrifft, bezieht sich auf die Veränderung vom eher fremdbestimmten zum stärker *selbstbestimmten Lernprozess,* wodurch sich eine unvermeidbare Rollenveränderung der Lehrenden von Unterrichtenden zu Lernbegleitenden ergibt. Hierbei können geeignete methodische Ansätze die Selbststeuerung der Lernenden unterstützen und die Lehrenden in ihren neuen Rollen stärken.

Angesichts einer zunehmenden Verlagerung der Lernarrangements in den virtuellen Raum, stellt sich die Herausforderung, wie die ursprünglich als physische Räume gedachten sog. ‚Dritten Orte' als virtuelle konzipiert werden können. Das Konzept des ‚Dritten Ortes' geht auf den US-amerikanischen Soziologen Oldenburg (1999) zurück. Demnach dient der *Erste Ort* dem Arbeitsleben, der *Zweite Ort* dem Familienleben. Der *Dritte Ort* soll zu den beiden anderen einen Ausgleich schaffen und ist ein Treffpunkt für die nachbarschaftliche Gemeinschaft.

Der Dritte Ort ist dadurch gekennzeichnet, dass es ein neutraler Ort ist, wo man kommen und gehen kann, der leicht zugänglich und einladend ist, der ein Gefühl von Zugehörigkeit und eine Gemeinschaft ohne Zwang verkörpert. Dritte Orte zeichnen sich dadurch aus, dass sie eine hohe Aufenthaltsqualität besitzen, ein breites Angebot, die Offenheit des Zugangs gewährleisten, die soziale Kohäsion stärken und flexible Raumstrukturen offerieren. In den 1970er Jahren wurde der Begriff des Dritten Ortes vor allem auf Erlebnis- und Shoppingorte angewendet. Heute werden Begegnungsorte wie Bibliotheken, Museen, Cafés usw. darunter gefasst.

Die Charakteristika der Dritten Orte können als Anforderungskriterien für Räume der Weiterbildung gelten. Mit Blick auf Bibliotheken haben Jochumsen et al. (2014) ein Vier-Raum-Modell entwickelt, das nicht im Sinne konkreter Räume im physischen Sinne zu verstehen ist, sondern auf die funktionalen Qualitäten abhebt. Es unterscheidet einerseits zwischen den Polen Erlebnis und Beteiligung und anderseits zwischen Innovation und Empowerment. Durch die Kombination entsteht ein Vier-Felder-Schema mit den folgenden Raumfunktionen:

- Im *Inspirationsraum* werden Menschen begeistert und machen bedeutungsvolle Erfahrungen,
- im *Lernraum* gewinnt der Mensch Erkenntnisse und entwickelt Kompetenzen,
- im *Treffpunkt* werden aktuelle Probleme diskutiert und die Möglichkeit zum Entspannen geboten und
- der *performative Raum* gewährt Zugang zu Werkzeugen und Materialien, die kreatives und künstlerisches Gestalten ermöglichen.

Das Vier-Raum-Modell verweist auf vier mögliche Formen des Lernens: Kommunikation, Kollaboration, Kreativität bzw. kritisches Denken, die eine Orientierung mit Blick auf die zugrunde liegende Haltung vermitteln können.

Die Corona-Krise zeigt, dass sich vieles in den digitalen Raum verlagern lässt und macht die Grenzen dieser Verlagerung deutlich. Als analoge Körper bewegen sich Menschen immer im physischen Raum auch während virtueller Treffen. Mit der zunehmenden Reduzierung der physischen Bewegungsmöglichkeiten, die unzutreffend als Social Distancing bezeichnet wird, wächst das Bedürfnis nach sozialem Austausch im physischen Raum. Hierzu stellt Stang (2021, S. 21) fest:

> „Gleichzeitig fordert der digitale Raum einen veränderten Umgang mit unserer Körperlichkeit ein. Der biologische Körper ist zwar im Physischen präsent, der Leib muss es in beiden Sphären sein. Dies macht deutlich, dass, wenn wir heute das Verhältnis von Körper und Raum betrachten, ein differenzierter Blick notwendig ist. Für viele war der digitale Raum lange eine ‚Terra incognita', die erst erkundet werden muss und dortige Raumerfahrungen erst kulturell durchdrungen werden müssen, um ein Körpergefühl zu entwickeln. Dies generiert wiederum Rückwirkungen auf das Verhältnis des Körpers zum physischen Raum. Die derzeitigen Suchbewegungen bei der Gestaltung von räumlichen Umgebungen in den Bereichen Arbeit und Bildung machen deutlich, dass es einen Bedarf gibt, die kulturell geprägten Handlungsstrukturen in physischen Räumen wie Arbeitsplätzen und Lehr-Lernplätzen neu zu formieren. Vielleicht ist es eine der spannendsten Herausforderungen der heutigen Zeit, das Physische und das Digitale zu moderieren ohne dabei das Körperliche beziehungsweise das Leibliche zu vergessen – und dies gilt für alle Bereiche unseres Lebens".

Die Zukunft gehört – wie die Forschungen zum Seamless Learning zeigen – den *hybriden Lehr-Lern-Arrangements.* Bei ihrer Gestaltung werden die unterschiedlichen Dimensionen des Lehr-Lern-Settings, ihre Formate und Sozialformen so miteinander kombiniert, dass sie situativ passfähig für die jeweilige Gruppe der Adressaten sind. Auf diese Weise entstehen unterschiedliche Lernszenarien, die nach ihren Lernzielen zu differenzieren sind, ob es stärker um den Wissensaufbau, die Wissensverwendung oder den Wissenstransfer geht.

Intelligente Verknüpfungen von analogen und digitalen Lehr-Lern-Arrangements können Räume und Zeiten für neue Erfahrungen eröffnen, in denen sich Menschen mit Freude und Begeisterung kollaborativ und reflexiv auf ‚Bildungsreisen' zur Erkundung der individuellen, sozialen und gesellschaftlichen Innen- und Außenwelt begeben. Über die dialogische Begegnung können sie sich Haltungen, Fähigkeiten und Kompetenzen erschließen, neue Chancen auf berufliche, kulturelle und soziale Teilhabe eröffnen und Möglichkeiten zur

Gestaltung der eigenen Lebenswelt realisieren. Wenn dabei bestehende institutionelle, Fach-, Alters- sowie soziale und andere Grenzen überschritten werden, schafft dies Raum für neue Erfahrungen.

Das Potenzial des *E-Learnings* besteht darin, über eine zeitliche und räumliche Entgrenzung Zugangschancen zu erweitern und mehr Flexibilität zu ermöglichen. Entsprechendes gilt für das *Blended Learning,* das durch den Wechsel von Online- und Präsenzphasen, durch die stärkere soziale Eingebundenheit, zusätzlich in der Lage ist, das selbstgesteuerte Lernen zu fördern und ein höheres Maß an Aktivierung zu erreichen. Beim *Community Learning* sind die Lernenden bestrebt, die Lerninhalte in ihren Arbeitsalltag einzubinden. Die Zusammenarbeit basiert auf dem Erfahrungsaustausch der Community of Practice. Die Aufgabe der Kursleitung besteht hier darin, die unterschiedlichen Perspektiven ins Gespräch miteinander zu bringen und diesen Prozess zu moderieren. Das *situative Kompetenzlernen* findet unmittelbar im Alltag der Lernenden statt. Das Lernangebot stellt dafür eine Infrastruktur zur Verfügung, die darauf abzielt, die Entwicklung von Handlungs- und Lernstrategien zu unterstützen. Die Lernbegleitenden kuratieren zum einen die Inhalte und stehen zum anderen als Lerncoaches zur Verfügung.

Wie die Erfahrungen zeigen, sind einerseits die als Hoffnungen und andererseits die als Befürchtungen formulierten Erwartungen, das digitale Lernen würde das analoge ersetzen, unbegründet. Welche Vor- aber auch Nachteile mit den unterschiedlichen Formen verbunden sind, treten nun deutlicher ins Bewusstsein. Der von vielen Dozierenden wie Lernenden nach Monaten pandemiebedingter Abstinenz artikulierte Wunsch nach realen Begegnungen richtet den Blick auf die *Potenziale von Präsenzveranstaltungen.* Die gleichzeitige körperliche Anwesenheit am selben Ort ermöglicht eine wechselseitige Wahrnehmung in der Interaktion, die digitale Formate nur eingeschränkt simulieren können. Während sich Videokonferenzen durch eine Standardisierung der Richtungen des Wahrnehmens auszeichnen, in der sich Blicke niemals treffen, liegt die Qualität der Kopräsenz darin, „dass die Teilnehmenden wahrnehmen, wie sie von anderen in ihrem Lernen wahrgenommen werden" (Dinkelaker, 2021, S. 33). Diese Perspektivverschränkung macht den besonderen Bildungswert von Präsenzveranstaltungen aus.

Die Erfahrung mit dem digitalen Lernen, seinen Möglichkeiten aber auch Grenzen schärfen den Blick für das Proprium des Präsenzlernens. „Die neuen Möglichkeiten der Wissensvermittlung im digitalen Bereich führen dazu, dass im analogen Bereich der freie Diskurs, die Debatte, die Reflexion und die direkte, zeitgleiche und sich beeinflussende tätige Auseinandersetzung zur Lösung einer Aufgabe wieder im Vordergrund stehen" (Stoller-Schai, 2020).

Es bleibt der weiteren Entwicklung vorbehalten, welche Erkenntnisse der neu erworbene Umgang mit den digitalen Formaten noch zutage fördern wird. Der kritisch reflektierte Blick auf neue sich herausbildende Formate bleibt erforderlich.

7 Haltungen und Rollenanforderungen – Weiterbildungspersonal

Typischerweise trifft man in Weiterbildungseinrichtungen auf die Trias von Leitung, hauptamtlichen pädagogischen Mitarbeitenden, die in der Regel die Funktion von Fachbereichsleitungen übernehmen, und Verwaltung. In den letzten Jahren haben sich allerdings an der Schnittstelle von Pädagogik und Verwaltung immer mehr „Mischarbeitsplätze mit Formen der pädagogischen Sachbearbeitung" (Meisel & Sgodda, 2018, S. 1468) entwickelt. Zusätzlich finden sich vor allem im Integrationsbereich auch Weiterbildungslehrkräfte. Daneben gibt es eine große Anzahl von neben- und freiberuflichen sowie ehrenamtlichen Dozierenden. Woran es in Deutschland noch fehlt sind Bildungstechnolog*innen, deren Aufgabe es ist, sich um das instruktionale Design von Lernumgebungen zu kümmern (Weinberger & Niggemann, 2021).

Im Folgenden wird es nicht möglich sein, auf die Einstellungen, Rollenanforderungen und Kompetenzen in Bezug zu den Herausforderungen der Digitalisierung, differenziert nach den aufgeführten Statusgruppen, einzugehen. Entsprechende Daten hierzu liegen nur vereinzelt aus dem insgesamt sehr heterogenen quartären Sektor vor. Der Fokus liegt vielmehr auf den hauptberuflichen pädagogischen Mitarbeitenden. Leider ist die Datenbasis zu der interessierenden Fragestellung sehr fragmentarisch; es existieren lediglich vereinzelte kleinere, überwiegend qualitative Untersuchungen aus einzelnen Sektoren der Weiterbildung. Gänzlich vermisst werden Längsschnitt Untersuchungen.

Die Nutzung digitaler Medien beim Weiterbildungspersonal hängt stark von deren *Einstellungen und medialen Erfahrungen* ab. In der Untersuchung von Rohs et al. (2020a) wird die Frage untersucht, welche Faktoren die medialen Kompetenzen und Einstellungen zur Nutzung digitaler Medien beeinflussen. Gegenstand der empirischen Untersuchung ist die Gruppe von Erwachsenenbildnern in Deutschland. Die Resultate lassen starke Ambivalenzen einerseits hinsichtlich der

E. Schäfer und A. Ebersbach, *Die digitale Transformation in der Weiterbildung*, essentials, https://doi.org/10.1007/978-3-662-64605-2_7

Hoffnungen bezüglich des innovativen Potenzials der digitalen Medien und andererseits in Bezug auf skeptische Perspektiven erkennen. Der mediale Habitus, so die These, zeige die Möglichkeiten und Grenzen des medienpädagogischen Handelns von Lehrenden in der Weiterbildung auf. Der Untersuchung liegt ein medienpädagogisches Kompetenzmodell zugrunde, das vier Dimensionen unterscheidet: die medienbezogene Feldkompetenz, die medienbezogene Fachkompetenz, die mediendidaktische Kompetenz sowie medienbezogene Einstellungen und Selbststeuerung.

Aufgrund von Selbsteinschätzungsskalen werden von Rohs et al. (2020a) vier Typen von medienbezogenen Einstellungen unterschieden: a) positiv and chance oriented, b) cautiously refusing, c) flatly refusing und d) reasonably refusing. Je höher das Bildungsniveau ist, desto eher weisen die Befragten eine positive und kritisch reflexive Einstellung gegenüber digitalen Medien auf. Entsprechendes gilt auch für jene, die an einem medienpädagogischen Training teilgenommen haben. Andere soziodemografische Merkmale, wie bspw. das Alter, bieten keine hinreichenden Erklärungen für die Einstellungsunterschiede. Resümierend kommt die Studie zu der Einschätzung, dass sich die überaus heterogene Landschaft der Weiterbildnern auch in den medienbezogenen Einstellungen widerspiegelt.

Bolten-Bühler (2021) hat anhand von zehn Fallportraits tiefer gehende habituelle Prägungen von Erwachsenenbildnern im Umgang mit Medien analysiert. Die Ergebnisse machen deutlich, welchen Einfluss der mediale Habitus auf die individuelle medienpädagogische Professionalisierung von Lehrenden in der Weiterbildung hat. Demnach ist ein mangelnder Medieneinsatz weniger auf fehlende Gelder und hohe Kosten aufseiten der Institutionen zurückzuführen, sondern hat eher mit einem „Nichtsehen eines erwachsenenpädagogischen Wertes von digitalen Medien“ (ebd., S. 229) zu tun.

Die referierten Erkenntnisse sind wenig überraschend und passen in das bisher schon bekannte Bild der Heterogenität und Ambivalenz im quartären Bildungssektor. Interessant wäre es, mehr über die Einstellungen der Befragten in Abhängigkeit von den Weiterbildungssektoren (Gemeinschaften, Staat, Markt und Unternehmen) zu erfahren, in denen die Lehrenden jeweils tätig sind; hierzu liegen allerdings keine Erkenntnisse vor.

Die Tendenz zu individuelleren und flexibleren Lernsettings wird durch eine zunehmend mediatisierte Bildungswelt befördert. Die Lernenden avancieren zu Wissenskonstrukteur*innen und möchten just in time das lernen, was sie benötigen. In diesem Kontext ändern sich sowohl die *Rollen* der Lehrenden, die zunehmend zur/m Mentor*in, Berater*in und Coach, Lernvideo-Gestalter*in, Kulturentwickler*in, Lerndesigner*in und agilen Lernbegleiter*in werden, als auch die der hauptamtlich disponierenden pädagogischen Fachbereichsleitungen.

Diese haben es mit neuen komplexen Aufgaben- und Problemstellungen zu tun, die zunehmend durch unvorhersehbare Veränderungen gekennzeichnet sind, auf die es flexibel und adäquat zu reagieren gilt.

Damit die Fach- und Führungskräfte in der Weiterbildung den Herausforderungen begegnen können, ist es hilfreich, „den mentalen und strukturalen Betriebscode“ (Schirmer, 2019, S. 146) der Weiterbildungseinrichtungen zu aktualisieren. Doch wie sieht dieser gegenwärtig aus? Schirmer unterscheidet vier Betriebssysteme. Für den Bereich Bildung und Lernen sieht er eine Entwicklung vom

- „Betriebssystem 1.0: *input-zentriertes Handeln,* das um traditionelles Lehren und Lernen kreist, über das
- Betriebssystem 2.0: *output-zentriertes Handeln,* das um standardisierte Curricula und prüfungsorientiertes Lehren […] kreist, über das
- Betriebssystem 3.0: auf den *Lernenden zentriertes Handeln,* bei dem die Neugestaltung von Lernumfeldern an der Erfahrung des Lernenden ausgerichtet ist, zum
- Betriebssystem 4.0: Lernende mit den *Kreativitätsquellen* und dem eigentlichen Kern unseres Menschseins verbinden und ihnen ermöglichen, dass sie lernen, Zukunftsmöglichkeiten gemeinsam zu erspüren und in die Wirklichkeit zu bringen.“ (Schirmer, 2019, S. 157 f.)

Mit den verschiedenen Betriebssystemen sind unterschiedliche Rollenverständnisse des Weiterbildungspersonals verbunden. Bezogen auf die Weiterbildung haben wir es

- im Betriebssystem 1.0 überwiegend mit einem *Sozialtechnologen* zu tun, dem es um Rezepte für die Klienten geht,
- im Betriebssystem 2.0 tendenziell mit einem *Verhaltenstrainer,* den Maßnahmepläne interessieren,
- im Betriebssystem 3.0 schwerpunktmäßig mit einem *Lerncoach,* für den Reflexionsprozesse wichtig sind, und
- im Betriebssystem 4.0 mit einem *Geburtshelfer* für das Neue, der Wert auf Prozesse der Selbsttransformation legt.

In der Weiterbildung finden sich auf allen Ebenen Beispiele. Überwiegend sind heute sicherlich Repräsentanten der Betriebssysteme 2.0 und 3.0. zu finden. Was der Übergang zum Betriebssystem 4.0 bedeutet, gilt es noch zu erkunden.

Mit Blick auf die Digitalisierung lässt sich das neue Rollenverständnis weiter präzisieren:

- Auf *Medienplattformen* werden Lehrende zu didaktischen Designern und Kuratoren, die Materialien „entlang bestimmter Lehrziele sequenzieren, bearbeiten und montieren" (Kerres & Buntins, 2020, S. 18),
- auf *didaktisch-methodischer Ebene* benötigen Lehrende zunehmend Weiterbildungen in Fragen der Medienkompetenz und
- auf *organisatorischer Ebene* gilt es die intermediäre Funktion des hauptberuflichen Weiterbildungspersonals im Zuge der digitalen Transformationsprozesse konzeptionell stärker zu präzisieren (Alke & Rauber, 2020, S. 59).

Die bislang unterschiedenen Kriterien für das Rollenhandeln von Lehrenden bzw. Personen, die das Lernen begleiten, lassen sich anhand dreier grundlegender Dimensionen, der sachlichen, sozialen und zeitlichen je zwei Polaritäten unterscheiden. Auf der *sachlichen* Ebene geht es um die Input- bzw. Outputorientierung. Auf der *sozialen* zum einen um die erzeugungsdidaktische und zum anderen die ermöglichungsdidaktische Orientierung und auf der *zeitlichen* Ebene einerseits um die Ressourcen- (Vergangenheit und Gegenwart) und andererseits die Potenzialorientierung (Zukunft). Das individuelle Rollenhandeln lässt sich in dem aufgespannten dreidimensionalen Raum verorten. Es entsteht eine Rollenvielfalt der Lehrenden und Lernbegleitenden die aber nicht statisch ist, sondern situationsspezifisch wechseln kann. Die Polaritäten bieten eine Orientierung für die Reflexion des Handelns von Lehrenden und Lernbegleitenden und leisten einen Beitrag, ein weiteres Element des Learning Ecosystems zu differenzieren (Abb. 7.1).

Wie die Ergebnisse der wbmonitor Umfrage 2019 (Christ et al., 2020, S. 28) zeigen, schätzen die Lehrenden die verschiedenen Aspekte digitaler Kompetenzen sehr unterschiedlich ein. Insbesondere die Gegenüberstellung der Einschätzung der aktuellen digitalen Kompetenzen mit der Beurteilung der Bedeutung bei der Rekrutierung von zukünftigem Personal gibt Aufschlüsse darüber, dass es ein erhebliches Entwicklungspotenzial des Kompetenzportfolios der Lehrenden gibt.

Angesichts der aufgezeigten Defizite ist es interessant zu erfahren, welche Maßnahmen von den Weiterbildungseinrichtungen zur Verbesserung der digitalen Kompetenzen Lehrender ergriffen werden. Interne Weiterbildungsveranstaltungen sind das am häufigsten praktizierte Mittel zur Verbesserung der digitalen Kompetenzen. Bei externen Veranstaltungen werden Präsenzweiterbildungsveranstaltungen (53 %) den Onlineweiterbildungen (35 %) deutlich vorgezogen.

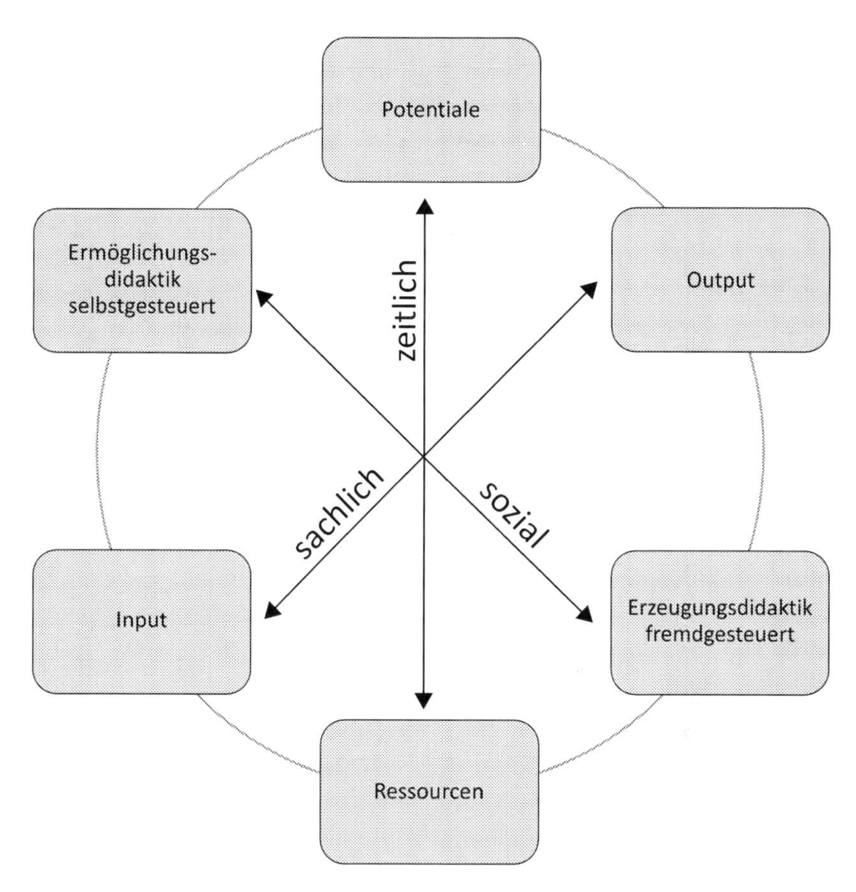

Abb. 7.1 Polaritäten des Rollenhandelns

Fast genauso häufig wie interne (55 %) und externe (53 %) Weiterbildungen wird auf kollegiale Unterstützungssysteme wie das individuelle Coaching durch eigene Mitarbeitende (52 %) zurückgegriffen (Christ et al., 2020, S. 32). In den Einrichtungen besteht beim Weiterbildungspersonal ein hoher Bedarf hinsichtlich digitaler Kompetenzen. Deshalb ist es erforderlich, für das hauptberufliche Personal ausreichende Zeitressourcen für entsprechende Weiterbildungen im Berufsalltag zu schaffen, damit sich dieses auf die Veränderungen der Digitalisierung einstellen und diese erfolgreich bewältigen kann.

Mit dem European Digital Competence Framework for Educators (Redecker, 2017) steht den Weiterbildungsanbietern ein Instrumentarium zur Verfügung, das sie in ihrer Personalentwicklung einsetzen können. Die einzelnen 22 aufgelisteten elementaren Kompetenzen lassen sich sechs Kompetenzstufen zuordnen. Auf diese Weise entsteht ein Vorschlag zur Klassifikation digitaler Kompetenzen anhand einer Typologie, die vom Newcomer, Entdecker, Entwickler, Experten, über den Profi bis hin zum Pionier reicht. Da die Kompetenzstufen nicht auf der Grundlage empirischer Daten ermittelt wurden, liegen keine Erkenntnisse vor, wie viele Lehrkräfte sich jeweils den Kompetenzstufen zuordnen lassen. Das Modell wurde zwar für den Schulbereich entwickelt, zwischenzeitlich aber auf andere Bildungsbereiche angepasst.[1]

Bildung ist Beziehungsarbeit im Dialog von Lehrenden und Lernenden. Dass die Dozierenden in der Weiterbildung aus Sicht der Adressaten als der Garant für Qualität angesehen werden, gilt als empirisch gesichert. Im Mittelpunkt steht die Beziehungsgestaltung als Anforderung an gute Bildungsarbeit. Lehrende in der Weiterbildung sind sich der Bedeutung ihrer Wirksamkeit bewusst.

Die persönliche Begleitung im Lernprozess bleibt unverzichtbar. Es wird zukünftig nicht darum gehen, der digitalen Technik anstelle der persönlichen Lernbegleitung die Verantwortung für den Lernprozess zu überlassen; umgekehrt geht es darum, dass die Technik dem Erwachsenenbildner mehr Optionen zur professionellen Gestaltung des Lernprozesses anbietet, was gleichzeitig eine Steigerung der konzeptionellen Überlegungen zur Gestaltung der Lehr-Lern-Arrangements mit sich bringt. Diese leben von der Ausgewogenheit von Inhalten, Anleitung, Ritualen und Selbstständigkeit. Zu einer guten Bildungsarbeit gehört ihre methodisch-didaktische Reflexion, unabhängig davon, ob sie in physischer oder virtueller Anwesenheit stattfindet. Die virtuelle Lernwelt bedarf ebenso wie die traditionelle der Anbindung an pädagogische Grundlagen. In beiden Lernwelten geht es darum, zu experimentieren und so den eigenen Handlungsraum zu erweitern und zu bereichern. Ein Entweder-digital-oder-Präsenz-Szenario würde in die Irre führen. Hanstein und Lanig (2020, S. 326 f.) stellen an das Ende ihrer Ausführungen zum digitalen Lernen die Hoffnung, dass auch nach Corona berücksichtigt wird, was für eine gute Bildung wichtig ist, nämlich Feedback und Evaluation: „So kann und wird (…) virtuelles und hybrides Lehren und Lernen zum *WIR-tuellen* Erfolg werden!"

[1] Das DigCompEdu CheckIn Tool existiert in drei auf den jeweiligen Bildungsbereich angepassten Versionen: für Lehrende an allgemein- oder berufsbildenden Schulen: http://europa.eu/!cG34MH; für Lehrende an Hochschulen oder Fachhochschulen: http://europa.eu/!gh46kD sowie für Lehrende in der Weiterbildung: http://europa.eu/!ut86vP.

Für die Experimente mit analogen, digitalen und hybriden Lehr-Lern-Settings gilt es einen Raum zu kreieren, bspw. ein *Labor,* das der konzeptionellen Entwicklung, Erprobung und Dissemination von neuen Formaten dient. Dieses sollte selbst die virtuellen und realen Optionen abbilden und in einem umfassenden Ansatz sämtliche Strukturen und Prozesse der Organisation spiegeln. Unter technischen Aspekten fokussiert es auf Ausstattungsaspekte, unter sozialen auf die Kompetenzen des Personals und unter kulturellen auf die Vernetzungs- und Kooperationsstrukturen. Das Anliegen eines solche Labors ist es, einen geschützten Erfahrungsraum zum Probieren zu schaffen. Anschließend können die Erkenntnisse gesichtet und gesammelt werden, um sie in neue Routinen, die Teil des Qualitätsmanagements werden, zu überführen. Das Labor als Lernraum für organisationales Lernen soll die beteiligten Personen in Form von Weiterbildungen, Coachings und Workshops begleiten und unterstützen.

8 Nachhaltigkeit der digitalen Transformation bei den Weiterbildungsanbietern

Der Auftrag der Weiterbildungsanbieter in der digitalen Transformation ist es, Menschen die Möglichkeiten des Zugangs zu den technischen und sozialen Voraussetzungen des digitalen kooperativen Lernens zu gewährleisten, Teilhabechancen zu vergrößern, Kenntnisse über digitale Entwicklungen zu vermitteln, Bedingungen für das Ausprobieren technischer Möglichkeiten zu schaffen, den Erwerb von Medienkompetenz zu fördern und einen Dialog über die einzuschlagenden Mediatisierungspfade zu initiieren und zu führen. Dies gilt gleichermaßen für die Weiterbildungseinrichtungen, deren Angebot sich an ein öffentliches Publikum richtet, das für alle Interessierten zugänglich ist, und für interne Angebote der betrieblichen Weiterbildung. In beiden Fällen ist es die Aufgabe lebenslanges Lernen als Teil der Organisations- bzw. Unternehmenskultur zu implementieren. Damit die Nachhaltigkeit der digitalen Transformation bei den Weiterbildungsanbietern gewährleistet werden kann, bedarf es bestimmter Voraussetzungen und Bedingungen; diese erstrecken sich auf fünf Ebenen: die Bestandssicherung und Kontinuität, die Erarbeitung einer Digitalisierungsstrategie, die Entwicklung der kulturellen, sozialen und technischen Subsysteme, die Etablierung von Experimentierfeldern sowie die externe und interne Vernetzung. Was dies im Einzelnen bedeutet wird nun erläutert.

Bestandssicherung und Kontinuität
Damit sich öffentliche Weiterbildungseinrichtungen bzw. betriebliche Bildungsabteilungen überhaupt den Prozessen der Digitalisierung zuwenden können, ist es erforderlich, dass diese in ihrem Bestand gesichert sind. Für anerkannte Träger der Erwachsenenbildung heißt dies, dass sie möglichst nicht unter dem Finanzierungsvorbehalt öffentlicher oder privater Geldgeber stehen. Für das Engagement

E. Schäfer und A. Ebersbach, *Die digitale Transformation in der Weiterbildung*, essentials, https://doi.org/10.1007/978-3-662-64605-2_8

der betrieblichen Weiterbildung bedeutet es, die Abhängigkeit von konjunkturellen Zyklen zu vermeiden und Kontinuität in den Weiterbildungsaktivitäten zu erreichen.

Digitalisierungsstrategie im Kontext von Personal- und Organisationsentwicklung
Die Weiterbildungseinrichtungen sind herausgefordert, im Rahmen ihrer Organisationsentwicklung eine Digitalisierungsstrategie zu konzipieren. In diesem Kontext sollten sie das Lifelong Learning zunehmend auf ihre eigene Organisationsstruktur im Sinne der lernenden Organisation anwenden. Zu dieser gehört eine Professionalisierungsstrategie, die eine flächendeckende und kontinuierliche Fortbildung des Weiterbildungspersonals als integrierter Teil der Personalentwicklung beinhaltet. So können die Voraussetzungen geschaffen werden, um neue Formen des hybriden Lehrens und Lernens in guter Qualität zu realisieren und mit neuen veränderten Rollenanforderungen im Lehr-Lern-Prozess vertraut zu werden. Bereits existierende Verfahren zur Qualitätssicherung gilt es im Hinblick auf die durch die Digitalisierung veränderten Herausforderungen zu überprüfen und anzupassen.

Kulturelle, soziale und technische Subsysteme und deren Inhalte
Um die kulturellen, sozialen und technischen Subsysteme für die digitale Transformation aufzubauen, bedarf es der expliziten Förderung durch Programme wie sie für andere Bildungssektoren gelten. Damit kann ein wesentlicher Beitrag geleistet werden, die öffentliche und private Weiterbildung zukunftsfähig zu machen und sie für die Erfordernisse und Möglichkeiten der digitalen Netzwerkgesellschaft zu stärken.

Die öffentlich geförderte Weiterbildung ist gefordert, neben ihrem traditionellen kursförmigen Angebot offen zugängliche Bildungsplattformen und digitale Bildungsmaterialien zu offerieren, in denen Bildungsressourcen zum Selbstlernen bereitstehen, die zeit- und ortsunabhängig jederzeit abgerufen werden können. Dabei stellen Open Educational Resources (OER) eine wichtige Ressource dar. Außerdem gilt es das Abrechnungssystem zur Ermittlung der förderfähigen Unterrichtsstunden und Teilnehmertage nach den Weiterbildungsgesetzen der Länder so zu gestalten, dass die pädagogische Durchführung sowie die technische Betreuung von digitalen bzw. hybriden Lehr-Lern-Formaten berücksichtigt wird.

Die betriebliche Weiterbildung ist herausgefordert, die Bedingungen für das Workplace Learning zu schaffen, die Ressourcen für die Erstellung von Content vorzuhalten, die digitalen Lerninhalte selber zu produzieren, Micro Learning und Mobile Learning zu unterstützen und zu begleiten und Lernplattformen bereitzuhalten.

Experimentierfelder
Durch die Etablierung von Experimentierfeldern in einem geschützten Erfahrungsraum wie dem eines Labors kann es gelingen, Prototypen für neue Strukturen, Prozesse, Formate, Settings, Lernplattformen, Routinen, Rollenanforderungen etc. zu entwickeln, zu erproben, zu testen und zu reflektieren. Die Funktion eines solchen Lernraums besteht darin, eine unterstützende fehlerfreundliche Lernkultur zu ermöglichen, Freiräume für Experimente zu schaffen und lernaffine Führungskräfte zu fördern. Eine Begleitung der beteiligten Akteure in Form von Weiterbildungen, Coachings und Workshops trägt zur nachhaltigen Verankerung bei.

Vernetzung
Um die wachsende Bedeutung der Vernetzung im Prozess der Digitalisierung zu nutzen, sollte bei den Weiterbildungseinrichtungen verstärkt das Augenmerk darauf liegen, eigene Zielsetzungen im Zusammenwirken von staatlichen, wirtschaftlichen und zivilgesellschaftlichen Akteuren zu verfolgen. Im Sinne der Schaffung von einrichtungsübergreifenden Synergien und der effizienten Ressourcennutzung empfiehlt es sich, die Angebote zur Förderung der medialen und digitalen Kompetenzentwicklung des Weiterbildungspersonals und darauf bezogener Austausch- und Reflexionsangebote träger- bzw. verbandsübergreifend zu organisieren. Eine Supportstruktur für die Digitalität in der Weiterbildung könnte vorhandene Kompetenzen und Ressourcen im quartären Bildungssektor bündeln und ihre Expertise den Einrichtungen und Verbänden der Weiterbildung durch Beratungs- und Serviceleistungen zur Verfügung stellen.

Die zentralen Schritte zur Nachhaltigkeit der digitalen Transformation des organisationalen Lernsystems fasst Abb. 8.1 zusammen.

Die unterschiedenen fünf Ebenen bauen zum Teil aufeinander auf und beeinflussen sich wechselseitig, sodass es vor dem je spezifischen Hintergrund zu entscheiden ist, welche Schritte in den Organisationen der Weiterbildung zu realisieren sind.

Die digitale Transformation lässt sich nicht im Sinne eines Change-Prozesses planen, sie ist vielmehr eine Reise, die stets neue Herausforderungen und auch Überraschungen bereithält und ein situativ flexibles Handeln erfordert. Ihre Stabilität erlangen die Weiterbildungseinrichtungen durch ihre Bereitschaft zur Veränderung. Der Kompass hierfür ist die Verstetigung von Verfahren, Methoden und Tools der Reflexion.

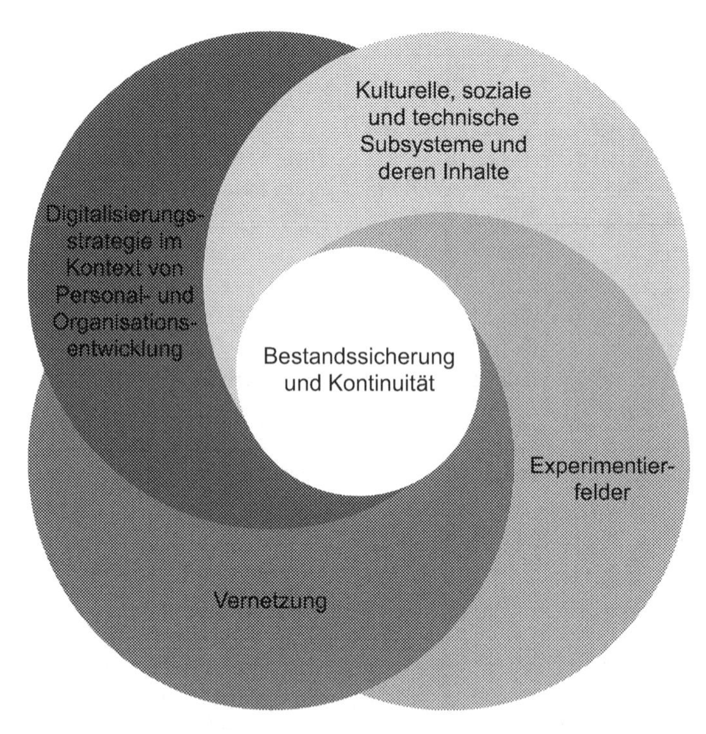

Abb. 8.1 Schritte zur Nachhaltigkeit der digitalen Transformation in der Weiterbildung

9 Fazit und Ausblick

Mit der Entwicklung der digitalen Medientechnologie verbinden sich große Hoffnungen auf digitale Teilhabe in mediatisierten Lernwelten, sei es im persönlichen Bereich, im zivilgesellschaftlichen Engagement oder in der Arbeit. In der Zukunft wird es darauf ankommen, die sich ergebenden Chancen und Risiken für die Weiterbildung bei der Gestaltung der Mediatisierungspfade im Auge zu behalten. Durch kreative Kombinationen von Präsenz- mit E-Learning-Phasen können die Vorteile analoger und digitaler Lehr-Lern-Arrangements miteinander verknüpft werden; die Furcht vor der Substitution von realen Lernbegleiter*innen ist angesichts einer auf Dialog, Begegnung und Reflexion angelegten Weiterbildung unbegründet.

Lernen wird individueller, flexibler, selbstbestimmter, informeller und verbindet sich enger mit den Arbeitsprozessen. Darauf gilt es mit Bildungsplattformen zu antworten, in denen Bildungsressourcen zum Selbstlernen bereitstehen, die zeit- und ortsunabhängig jederzeit abgerufen werden können. Es bietet sich an, mit unterschiedlichen Szenarien von E-Learning zu experimentieren und intelligent Verknüpfungen von analogen und digitalen Lehr-Lern-Arrangements zu testen. Die Möglichkeiten mobilen E-Learnings liegen in der größeren zeitlichen und örtlichen Flexibilität und bieten die Chance, Angebote an neue Zielgruppen zu adressieren. Das neue didaktische Potenzial digitaler Technologien liegt in Learning Analytics, in interaktiven bildbasierten Handlungswelten in Form von Simulationen und digitalen Spielen, dem Umgang mit digitalen, personalisierten Assistenzsystemen sowie kollaborativem Lernen. Insbesondere dem Learning Ecosystem gehört die Zukunft.

Die Digitalisierung in der Weiterbildung ist ein gestaltbarer Entwicklungsprozess. Die damit verbundenen Herausforderungen sind mit drei Veränderungsbedarfen verbunden: Auf individueller Ebene haben wir es mit einem Qualifizierungsbedarf, auf institutioneller Ebene mit einem Anpassungsbedarf

E. Schäfer und A. Ebersbach, *Die digitale Transformation in der Weiterbildung*, essentials, https://doi.org/10.1007/978-3-662-64605-2_9

und auf gesellschaftlicher Ebene mit einem Regulierungsbedarf zu tun (Rohs et al., 2020b, S. 366). Wenn die Handlungsschritte auf diesen Ebenen gut ineinandergreifen, sind die Voraussetzungen und Bedingungen dafür geschaffen, dass die kontinuierliche Selbsterneuerung durch eine lebenslange Lernagilität aus institutioneller wie individueller Perspektive gelingen kann.

Mit der Digitalisierung ist ein Paradigmenwechsel der Lernkultur verbunden, der sich in neuen Sichtweisen auf Inhalte, Formate, Zielgruppen und insbesondere neuen Rollen aller Beteiligten manifestiert. Die Führungskräfte der Weiterbildungseinrichtungen sind gefordert, ihre Institutionen strategisch neu auszurichten, dafür die personellen, zeitlichen, räumlichen und finanziellen Ressourcen zu sichern, Weiterbildungs-, Reflexions- und Transformationsbedarfe zu organisieren und die Vernetzungsarbeit zu intensivieren. Zur Bewältigung der digitalen Herausforderungen wird es wichtig sein, dass interdisziplinäre Teams bei der Gestaltung medialer und digitaler Lehr-Lern-Prozesse eng zusammenarbeiten. Das pädagogische und disponierende Personal sieht sich mit neuen Rollenanforderungen konfrontiert. Ein Schlüsselfaktor im Digitalisierungsprozess ist die Professionalisierung des Weiterbildungspersonals auf dem Feld der Medienkompetenz.

Die zentrale Herausforderung für die weitere Digitalisierung besteht darin, auf einen abgestimmten Dreiklang des Zusammenspiels von technischer Infrastruktur, personeller Professionalisierung und institutioneller Konzeptualisierung zu achten. Bei der Bewältigung dieser Herausforderungen wird die Netzwerkarbeit eine immer größere Bedeutung gewinnen, da sich im Zeichen der gesellschaftlichen Transformationsprozesse die Macht von den Institutionsstrukturen zunehmend in Netzwerkstrukturen verlagert. Die enge Kooperation insbesondere mit Dachorganisationen sowie Interessenverbänden der Weiterbildung wird grundlegend für das Gelingen der Digitalisierung sein.

Erforderlich ist dabei ein Weiterbildungsmanagement, das der Entwicklung digitaler Kompetenzen eine strategische Funktion zuweist und auf die Passung von individuellem und organisationalem Lernen achtet. Von den Lernbegleiter*innen wird ein didaktisches Verständnis vorausgesetzt, das im Sinne der Ermöglichungsdidaktik stärker darauf fokussiert, Lehr-Lern-Arrangements für selbstgesteuerte Lernprozesse zur Verfügung zu stellen und dabei das eigene Rollenverständnis zu diversifizieren. Die Lernenden übernehmen folglich – stärker als zuvor – die Verantwortung für ihre eigenen Lernprozesse.

Durch die Corona-Krise verschärfen sich die Disparitäten im Bildungsbereich. Von den Einschränkungen ist die Weiterbildung mit ihren Einrichtungen und ihren Beschäftigten massiv betroffen. Die Weiterbildung hilft zwar in der Krise, befindet sie sich selbst jedoch in der Krise.

Im Anschluss an die ad hoc spontan erfolgte Digitalisierung vieler Lernangebote wird sich die Weiterbildung verstärkt der Frage zuwenden, welche ihrer Angebote zukünftig in Präsenz, als hybride Formate oder online durchgeführt werden sollen. Dabei wird es darauf ankommen, die Entscheidungen in Abhängigkeit von den Lernbedürfnissen und -fähigkeiten der Menschen zu differenzieren. Außerdem wird das Verhältnis von Lokalität und Zentralität neu zu bewerten sein. Da mit den Möglichkeiten der Digitalisierung die potenzielle Erreichbarkeit steigt, eröffnen sich für Weiterbildungseinrichtungen neben einer stärkeren Zusammenarbeit auf lokaler und regionaler Ebene auch Optionen, die aus einer inhaltlichen Spezialisierung resultieren. Dies ist der Fall, wenn ein regionales Angebot im digitalen Raum eine überregionale Aufmerksamkeit erfährt. In diesem Zusammenhang stellt sich die Frage, wie bisherige Konzepte von Qualität und Professionalität, durch den Einsatz digitaler Bildungstechnologien anzupassen sind.

Ob sich die mit der Digitalisierung verbundenen Erwartungen hinsichtlich des Abbaus von Bildungsprivilegien, der Angleichung von Lernchancen, der Beförderung demokratischer Prozesse, der Überwindung digitaler Disparitäten und der Realisation von mehr Teilhabe an Bildung verwirklichen lassen, hängt ab von den einzuschlagenden Mediatisierungspfaden. Hierdurch entscheidet sich, ob Bildung als öffentliches Gut eine Chance hat oder gänzlich zur Ware wird.

Damit die Weiterbildungseinrichtungen für sich eine Strategie zur Digitalisierung entwickeln können, ist es ebenso hilfreich wie notwendig, Vorstellungen davon zu haben, wie sich das gesellschaftliche Umfeld insgesamt zukünftig darstellen wird, von welchen Rahmenbedingungen ausgegangen werden kann und wie die langfristigen Perspektiven für die Weiterbildung aussehen. Antworten auf diese Fragen liefert die Szenario-Technik. Im April 2020 hat die Scenario Management International (Fink et al., 2021) einen zweistufigen Prozess zur Entwicklung von Post-Corona-Szenarien gestartet. Die Szenarien gehen zwar nicht explizit auf die Anliegen der Weiterbildung ein, eröffnen jedoch wichtige Horizonte für mögliche alternative Entwicklungspfade.

Die acht Szenarien lassen sich in zwei Gruppen unterteilen. Die erste Gruppe beinhaltet Szenarien mit traditionellen Strukturen, geringen Innovationen und einem digitalen Stillstand. Zwei Szenarien in dieser Gruppe gehen von einem mittleren Grad globaler Krisen, einer lediglich abstrakten Bedrohung durch den Klimawandel und eine erfolgreiche Positionierung im Kontext einer traditionellen wirtschaftlichen Entwicklung aus. Dies sind die Szenarien ‚*Die goldener Zwanziger*' und ‚*Das pandemische Jahrzehnt*'. Ersteres ist gekennzeichnet durch eine zügige Rückkehr zur alten Normalität unter Beibehaltung gewohnter Konsummuster und Lebensgewohnheiten, während sich das zweite durch immer wieder neu auftretende Epidemien und Pandemien auszeichnet, infolgedessen ständig neue komplexe Krisen zu bewältigen sind. Die anderen beiden Szenarien in der ersten Gruppe weisen ebenfalls traditionelle Strukturen aus, sind allerdings verbunden mit einer Abkehr vom globalen Welthandel, erstarrten Gesellschaftsstrukturen und regressiven Tendenzen. Hierzu gehören die Szenarien ‚*Die kontinuierliche Krise*' und ‚*Zerfall der Ordnung*'. Im ersten Fall führt die Rezession zu einer gestiegenen Arbeitslosigkeit, „die in eine aufgeregte Stimmungs-Demokratie mit Reformstau mündet" (Fink, 2021, S. 35); im zweiten Fall kommt es infolge der wiederkehrenden Pandemien zu einem politischen Kontrollverlust und einer breiten Entsolidarisierung.

Die zweite Gruppe beinhaltet Szenarien mit einem Strukturwandel, breiten Innnovationen und einer Virtualisierung aller Lebensbereiche. Hierzu gehören die folgenden Szenarien: ‚*Abschied vom Gewohnten*': In diesem Szenario findet eine Abkehr von der kommerzialisierten Wachstumsgesellschaft statt, verbunden mit einer De-Globalisierung und Regionalisierung. ‚*Neue globale Dynamik*': Dieses Szenario zeichnet sich durch eine starke globale Kooperation, einen Ausgleich innergesellschaftlicher Disparitäten und stark gestiegene Anstrengungen bei Klima und Umwelt aus. ‚*Massive Virtualisierung*': In diesem Szenario wird die Digitalisierung als die treibende Kraft betrachtet, bei der neue Nähe in Netzwerken entsteht. ‚*In Corporate Hands*': In diesem Szenario sind globale Akteure bestimmend; sie werden zu Treibern einer stark privatisierten und kommerzialisierten Welt.

Den Szenarien der zweiten Gruppe wird die größte Wahrscheinlichkeit eines Eintreffens zugeschrieben. Interessanterweise stellt sich das sowohl bei Vertretern aus Bildung und Wissenschaft sowie Beratung und Zukunftsforschung eher kritisch bewerte Szenario ‚In Corporate Hands' als jenes dar, das am stärksten erwartet wird. Hierzu passt der Befund, dass insgesamt zu jenen fünf Zukunftsaussagen mit den geringsten Erwartungshalten des Eintretens die Aussage zählt: „Im Jahr 2030 wird die gesellschaftliche Teilhabe – also beispielsweise der Zugang zu Kultur, Bildung oder digitalen Angeboten – für alle Realität sein" (Fink et al., 2021, S. 57). Mit der in dem Szenario ‚In Corporate Hands' erwarteten stärkeren Privatisierung von Bildungs- und Sozialsystemen wird als Folge eine Vertiefung der Disparitäten in der Gesellschaft angenommen.

Die Gruppe der Forscher*innen identifiziert aufgrund der Ergebnisse der Bewertungen zu den verschiedenen Szenarien vier Zukunftsfragen für die bevorstehenden Transformationsprozesse (Fink et al., 2021, S. 10 f.):

- Wie gelingt die Überwindung des Krisenmodus hin zu nachhaltigen Innovationen und signifikantem Strukturwandel?

- Wie können globale Dynamik und regionale Entschleunigung mit dem Wandel einhergehen?
- Wie stark und zu welchem Preis sollen Arbeit und Leben virtualisiert werden?
- Wie lässt sich der Strukturwandel ohne eine Überkommerzialisierung gestalten?

Die Weiterbildung ist einerseits aufgefordert, in ihren Bildungsprogrammen hierzu Angebote zu unterbreiten, um einen breiten gesellschaftlichen Dialog zu den alle betreffenden Zukunftsfragen anzuregen und zu moderieren. Andererseits ist sie im Interesse ihrer eigenen zukünftigen Rolle im Bildungssystem herausgefordert, jene strukturellen Veränderungen, von denen sie selbst betroffen sein wird, proaktiv zu beeinflussen. Beiden Aufgaben ist gemeinsam, dass es darum geht, die durch die Corona-Krise angestoßenen Überlegungen konsequent weiter zu verfolgen und neu entstandene Freiräume für strategisches Denken und Dialog nach innen, bezogen auf die eigene Personal- und Organisationsentwicklung, sowie nach außen, in die Gesellschaft hinein, zu nutzen.

Was Sie aus diesem *essential* mitnehmen können

- Anregungen für die Gestaltung von bildungsbezogenen Digitalisierungsprozessen in Unternehmen und Weiterbildungseinrichtungen
- Kenntnisse über das didaktische Potenzial unterschiedlicher Lehr-Lern-Formate
- Orientierungsmodelle für das Verständnis der Lernprozesse, der Dimensionen der Angebotsgestaltung sowie der Polaritäten des Rollenhandelns
- Hinweise für die Nachhaltigkeit der digitalen Transformation der Weiterbildung

E. Schäfer und A. Ebersbach, *Die digitale Transformation in der Weiterbildung*, essentials, https://doi.org/10.1007/978-3-662-64605-2

Literatur

Alke, M., & Rauber, M. (2020). Intermediäre im digitalen Wandel der Weiterbildung? Professionalisierung des hauptberuflichen pädagogischen Personals. *Weiter bilden, 3*, 57–60.

Altenrath, M., Helbig, C., & Hofhues, S. (2020). Deutungshoheiten: Digitalisierung und Bildung in Programmatiken und Förderrichtlinien Deutschlands und der EU. *Zeitschrift MedienPädagogik, 17*, 565–594.

Argyris, C., & Schön, D. A. (1996). *Organizational learning II: Theory, method and practice.* Addison.

Aßmann, S., Brüggen, N., Dander, V., Gapski, H., Sieben, G., Tillmann, A., & Zorn, I. (2016). Digitale Datenerhebung und -verwertung als Herausforderung für Medienbildung und Gesellschaft. In M. Brüggemann, T. Knaus, & D. Meister (Hrsg.), *Kommunikationskulturen in digitalen Welten* (S. 131–142). kopaed.

Autorengruppe Bildungsberichterstattung. (2020). *Bildung in Deutschland 2020.* wbv Media.

Barz, H. (2021). Lernziel „risk literacy". *Hessische Blätter für Volksbildung, 71*(2), 76–84.

Bellmann, L., Gleiser, P., Kagerl, C., Kleifgen, E., Koch, T., König, C., Kruppe, T., Lang, J., Leber, U., Pohlan, L., Roth, D., Schierholz, M., Stegmaier, J., & Aminian, A. (2020). *Weiterbildung in der Covid-19-Pandemie stellt viele Betriebe vor Schwierigkeiten. IAB-Forum*, 9. Dezember 2020. Nürnberg: Instituts für Arbeitsmarkt- und Berufsforschung. https://www.iab-forum.de/weiterbildung-in-der-covid-19-pandemie-stellt-viele-betriebe-vor-schwierigkeiten/.

Bernhard-Skala, C., Bolten-Bühler, R., Koller, J., Rohs, M., & Wahl, J. (Hrsg.). (2021). *Erwachsenenpädagogische Digitalisierungsforschung.* wbv media.

Bersin, J., & Zao-Sanders, M. (2019). *Making learning a part of everyday work. Harvard Business Review.* Harvard Business Publishing.

Bolten-Bühler, R. (2021). *Medialer Habitus von Lehrenden in der Erwachsenenbildung. Biografische Analysen medienpädagogischer Professionalisierung.* wbv media.

Bremer, C. (o. J.). Überblick über die Szenarien netzbasierten Lehrens und Lernens. o. O. https://www.google.com/url?sa=t&rct=j&q=&esrc=s&source=web&cd=&cad=rja&uact=8&ved=2ahUKEwjXjvmn_rnuAhXExqQKHWylBpEQFjAAegQIBxAC&url=https%3A%2F%2Fwww.bremer.cx%2Fmaterial%2FBremer_Szenarien.pdf&usg=AOvVaw3aLk85YBIeKoR4oEp1TGhd. Zugegriffen: 18. Aug. 2021.

Brinda, T., Brüggen, N., Diethelm, I., Knaus, T., Kommer, S., Kopf, C., Missomelius, P., Leschke, R., Tilemann, F., & Weich, A. (2019). Frankfurt-Dreieck zur Bildung in der

E. Schäfer und A. Ebersbach, *Die digitale Transformation in der Weiterbildung*, essentials, https://doi.org/10.1007/978-3-662-64605-2

digital vernetzten Welt. Ein interdisziplinäres Modell. *merz | medien + erziehung, 63*(4), 69–75.

Bundesministerium für Bildung und Forschung (BMBF) (Hrsg.). (2019). *Weiterbildungsverhalten in Deutschland 2018. Ergebnisse des Adult Education Survey – AES-Trendbericht.* BMBF.

Bundesministerium für Bildung und Forschung (BMBF) (Hrsg.). (2020). *Digitalisierung in der Weiterbildung. Ergebnisse einer Zukunftsstudie zum Adult Education Survey 2018.* BMBF.

Bundesministerium für Bildung und Forschung (BMBF) (Hrsg.). (2021). Initiative Digitale Bildung. https://www.bmbf.de/de/bildung-digital-3406.html. Zugegriffen: 18. Aug. 2021.

Christ, J., & Koscheck, S. (2021). *Auswirkungen der Corona-Pandemie auf Weiterbildungsanbieter. Vorläufige Ergebnisse der wbmonitor Umfrage 2020.* Bundesinstitut für Berufsbildung.

Christ, J., Koscheck, S., Martin, A., Ohly, H., & Widany, S. (2020). *Digitalisierung. Ergebnisse der wbmonitor Umfrage 2019.* Bundesinstitut für Berufsbildung.

Deutscher Volkshochschul-Verband (Hrsg.). (2019). Manifest zur digitalen Transformation von Volkshochschulen. Verabschiedet durch den Mitgliederrat des Deutschen Volkshochschul-Verbandes e. V. am 5. Dezember 2019. https://www.volkshochschule.de/verbandswelt/Digitalisierungsstrategie/manifestdigitaletransformation-von-vhs.php. Zugegriffen: 18. Aug. 2021.

Dinkelaker, J. (2021). Zur Bedeutung leiblicher Ko-Präsenz in Bildungsveranstaltungen. *Hessische Blätter für Volksbildung, 71*(2), 30–40.

EduAction Erklärung. (2016). *ZukunftsBildung jetzt gestalten!* Genisis Institute gemeinnützige GmbH und Metropolregion Rhein-Neckar.

Egetenmeyer, R., Lechner, R., Treusch, N., & Grafe, S. (2020). Digitalisierung und Mediatisierung in der Erwachsenenbildung/Weiterbildung. Gelingensdimensionen auf der Ebene von Dachorganisationen und Einrichtungen. *Hessische Blätter für Volksbildung, 70*(3), 24–33.

Egloffstein, M., Heilig, T., & Ifenthaler, D. (2019). Entwicklung eines Reifegradmodells der Digitalisierung für Bildungsorganisationen. In E. Wittmann, D. Frommberger, & U. Weyland (Hrsg.), *Jahrbuch der berufs- und wirtschaftspädagogischen Forschung* (S. 31–44). Budrich.

Ehmig, S. C. (2021). Lesen im digitalen Wandel. https://www.alphadekade.de/de/bildungsferne-bevoelkerungsgruppen-drohen-durch-digitalisierung-abgehaengt-zu-werden-2833.html.

FernUniversität Hagen (Hrsg.). (2020). *Lernen neu denken. Das Hagener Manifest zu New Learning.* FernUniversität.

Fink, A. (2021). Veränderungen prägen unsere Zukunft. *Weiterbildung. Zeitschrift für Grundlagen, 32*(3), 34–37.

Fink, A., Jürgensmeier, H., Ohse, S., & Kuhle, J.-P. (2021). *Post-Corona-Szenarien. Wirtschaft, Gesellschaft und Politik im Jahr 2030.* Scenario Management International (ScMI).

Fogolin, A. (2021). Orts- und zeitunabhängig lernen. *Weiterbildung Zeitschrift für Grundlagen, Praxis und Trends, 32*(1), 14–17.

Gergs, H.-J. (2016). *Die Kunst der kontinuierlichen Selbsterneuerung. Acht Prinzipien für ein neues Change Management.* Beltz.

Gesellschaft für Informatik. (2019). Charta Digitale Bildung. https://charta-digitale-bildung.de/.

Gnahs, D. (2021). Weiterbildung in der Krise – Krise der Weiterbildung. *Hessische Blätter für Volksbildung, 71*(2), 10–19.

Gollob, S. (2021). *Auswirkungen der Corona-Pandemie auf die Weiterbildung in kleinen und mittleren Unternehmen (KMU)*. SVEB.

Hanstein, T., & Lanig, A. (2020). *Digital Lehren. Das Homeschooling-Methodenbuch*. Tectum.

Hartkemeyer, M., Hartkemeyer, J. F., & Hartkemeyer, T. (2015). *Dialogische Intelligenz. Aus dem Käfig des Gedachten in den Kosmos gemeinsamen Denkens* (S. 41–47). Info3-Verlagsgesellschaft.

Haufe Akademie (Hrsg.). (2019). Whitepaper. Megatrend Neues Lernen. https://www.haufe-akademie.de/l/whitepaper-neues-lernen/. Zugegriffen: 18. Aug. 2021.

Hüther, G. (2015). *Etwas mehr Hirn, bitte*. Vandenhoeck & Ruprecht.

Ifenthaler, D., & Schumacher, C. (2016). Learning Analytics im Hochschulkontext. *WiSt, 4*, 176–181.

Jochumsen, H., Skot-Hansen, D., & Hvenegaard-Rasmussen, C. (2014). Erlebnis, Empowerment, Beteiligung und Innovation: Die neue Öffentliche Bibliothek. In O. Eigenbreodt & R. Stang (Hrsg.), *Formierungen von Wissensräumen: Optionen des Zugangs zu Information und Bildung* (S. 67–80). De Gruyter.

Käpplinger, B., & Lichte, N. (2020). „The lockdown of physical co-operation touches the heart of adult education“: A Delphi-study on immediate and expected effects of COVID-19. *International Review of Education, 66*, 777–795.

Kerres, M. (2016). E-Learning vs. Digitalisierung der Bildung: Neues Label oder neues Paradigma? In: A. Hohenstein & K. Wilbers (Hrsg.), *Handbuch E-Learning*. Fachverlag Deutscher Wirtschaftsdienst. 61. Ergänzungslieferung.

Kerres, M., & Buntins, K. (2020). Erwachsenenbildung in der digitalen Welt: Handlungsebenen der digitalen Transformation. *Hessische Blätter für Volksbildung, 70*(3), 11–24.

Kirchherr, J., Klier, J., Meyer-Guckel, V., & Winde, M. (2021). *Die Zukunft der Qualifizierung in Unternehmen nach Corona*. Stifterverband.

Krotz, F. (2016). Zukunft der Medienentwicklung. Die Bedeutung computervermittelter Kommunikation für das gesellschaftliche Leben. In :die medienanstalten (Hrsg.), *Medienkompetenz* (S. 16–28). Vistas.

Kübler, H.-D. (2018). Was ist und was soll digitale Bildung? *merz | medien + erziehung, 62*(5), 16–24.

Kühl, W., Lampert, A., & Schäfer, E. (2018). *Coaching als Führungskompetenz*. Vandenhoeck & Ruprecht.

Leifels, A. (2021). *Weiterbildung bricht in der Krise ein – Bedarf an Digitalkompetenzen wächst. KfW Research, Fokus Volkswirtschaft Nr. 329*, 19. April 2021. https://www.kfw.de/KfW-Konzern/Service/Download-Center/Konzernthemen/Research/Fokus-Volkswirtschaft/.

LERN (Hrsg.). (2020). *Bildung in der digitalen Welt: Potenziale und Herausforderungen. Positionspapier des Leibniz-Forschungsnetzwerks Bildungspotenziale*. Leibniz-Forschungsnetzwerk Bildungspotenziale. https://www.bildungsspiegel.de/news/weiterbildung-bildungspolitik/4566-lern-fuer-die-digitalisierung-der-bildung-braucht-es-ein-strategisches-gesamtkonzept.

Lindner, W. (2014). *Arrangieren*. Kohlhammer.

LinkedIn. (2019). *Workplace learning report 2019*. http://learning.linkedin.com. Zugegriffen: 18. Aug. 2021.

Lombardo, M. M., & Eichinger, R. W. (1996). *The career architect development planner*. Lominger.

Looi, C.-K., Wong, L. H., Glahn, C., & Cai, S. (Hrsg.). (2019). *Seamless learning: Perspectives, challenges and opportunities*. Springer.

Mc Luhan, M. (1962). *The Gutenberg g: The making of typographic man*; 1st Ed.: Univ. of Toronto Press; reissued by Routledge & Kegan Paul, ISBN 0-7100-1818-5. deutsch: Die Gutenberg Galaxis: Das Ende des Buchzeitalters. Econ, Düsseldorf 1968.

Meisel, K., & Sgodda, R. (2018). Weiterbildungsmanagement. In R. Tippelt & A. von Hippel (Hrsg.), *Handbuch Erwachsenenbildung/Weiterbildung* (S. 1457–1472). Springer.

Müller-Eiselt, R., & Dräger, J. (2015). *Die digitale Bildungsrevolution: Der radikale Wandel des Lernens und wie wir ihn gestalten können*. Deutsche Verlags-Anstalt.

Niesysto, H. (2021). ‚Digitale Bildung' wird zu einer Einflugschneise für die IT-Wirtschaft. *merz | medien + erziehung, 65*(1), 23–28.

OECD. (2021). *Continuing education and training in Germany, getting skills right*. OECD Publishing. https://doi.org/10.1787/1f552468-en

Oldenburg, R. (1999). *The great good place. Cafés, coffee shops, bookstores, bars, hair salons, and other hangouts at the heart community*. Marlowe & Company.

Pietraß, M. (2020). Bildung in Bewegung. Das neue Lernpotenzial digitaler Medien. In I. van Ackeren, H. Bremer, F. Kessl, H.-C. Koller, N. Pfaff, C. Rotter, D. Klein, & U. Salaschek (Hrsg.), *Bewegungen. Beiträge zum 26. Kongress der Deutschen Gesellschaft für Erziehungswissenschaft* (S. 325–336). Budrich.

Puentedura, R. R. (2012). Technology in education: The first 200,000 years. *NMC summer conference, ideas that matter presentation*.http://www.hippasus.com/rrpweblog/archives/000069.html.

Rat für Kulturelle Bildung. (2019). *Alles immer smart. Kulturelle Bildung, Digitalisierung, Schule*. Rat für Kulturelle Bildung e. V.

Redecker, C. (2017). *European framework for the digital competence of educators: DigCompEdu*. Publications Office of the European Union. https://ec.europa.eu/jrc/en/publication/eur-scientific-and-technical-research-reports/european-framework-digital-competence-educators-digcompedu.

Rohs, M. (2019). Medienpädagogische Professionalisierung des Weiterbildungspersonals. In E. Haberzeth & I. Sgier (Hrsg.), *Digitalisierung und Lernen: Gestaltungsperspektiven für das professionelle Handeln in der Erwachsenenbildung und Weiterbildung* (S. 119–136). hep.

Rohs, M., Bolten, R., & Kohl, J. (2020a). Between adoption and rejection: Attitudes of adult educators towards digitization in Germany. *International Journal of Training and Developement, 24*(1), 57–73.

Rohs, M., Pietraß, M., & Schmidt-Hertha, B. (2020b). Weiterbildung und Digitalisierung. In I. van Ackeren, H. Bremer, F. Kessl, H.-C. Koller, N. Pfaff, C. Rotter, D. Klein, & U. Salaschek (Hrsg.), *Bewegungen. Beiträge zum 26. Kongress der Deutschen Gesellschaft für Erziehungswissenschaft* (S. 363–375). Budrich.

Sammet, J. (2020). Vom Training zur Agilen Lernbegleitung. https://www.elearning-journal.com/2020/11/13/agile-lernbegleitung/. Zugegriffen: 18. Aug. 2021.

Sammet, J., & Wolf, J. (2019). *Vom Trainer zum agilen Lernbegleiter. So funktioniert Lehren und Lernen in digitalen Zeiten*. Springer.

Sampson, D. G., Papamitsiou, Z., Ifenthaler, D., & Giannakos, M. (2021). *Educational data analytics literacy*. Springer (In progress).

Sauter, W. (2016). Lernarchitektur in der digitalisierten Arbeitswelt: Die Zukunft hat schon begonnen. *Grundlagen der Weiterbildung (GdWZ), 27*, 34–37.

Sauter, W. (2017). Lernen und Arbeiten verbinden. *Weiterbildung, 28*(3), 13–16.

Schäfer, E. (2021). *Begriffsverständnis und Bedeutung von lebenslangem Lernen im Kontext gesellschaftlicher und bildungspolitischer Herausforderungen*. Veröffentlicht am 29.03.2021 in socialnet Materialien unter https://www.socialnet.de/materialien/29218.php. Zugegriffen: 3. Mai 2021.

Scharmer, O. C. (2019). *Essentials der Theorie U. Grundprinzipien und Anwendungen*. Carl-Auer.

Scharnberg, G., & Waffner, B. (2020). *Medienintegration an Volkshochschulen*. DVV.

Schmitz, A., & Foelsing, J. (2021). Lernökosysteme gestalten. https://www.haufe.de/personal/hr-management/learning-ecosystems-in-der-personalentwicklung-nutzen_80_536768.html. Zugegriffen: 18. Aug. 2021.

Schmid, U. (2021). Verheißungen, Visionen und Realität. Aktuelle Situation und Trends in der EdTech-Branche. *Weiter bilden,2*, 32–35.

Schmid, U., Goertz, L., & Behrens, J. (2018). *Monitor Digitale Bildung. Die Weiterbildung im digitalen Zeitalter*. Bertelsmann Stiftung.

Schrader, J. (2021). Es hat dramatische Einschnitte gegeben. Interview. *Leibniz-Magazin, 3*. https://www.leibniz-magazin.de/alle-artikel/magazindetail/detail/es-hat-dramatische-einschnitte-gegeben.html.

Schrader, J., Ioannidou, A., & Blossfeld, H.-P. (Hrsg.). (2020). *Monetäre und nicht monetäre Erträge von Weiterbildung*. Springer.

Seyda, S. (2021). Digitale Lernmedien beflügeln die betriebliche Weiterbildung: Ergebnisse der zehnten IW-Weiterbildungserhebung. *IW-Trends – Vierteljahresschrift zur empirischen Wirtschaftsforschung, 48*(1), 79–94.

Sgier, I., Haberzeth, E., & Schüepp, P. (2018). *Digitalisierung in der Weiterbildung. Ergebnisse der jährlichen Umfrage bei Weiterbildungsanbietern (Weiterbildungsstudie 2017/2018)*. SVEB & PHZH.15.

Siepmann, F. (Hrsg.). (2021). *eLearning Benchmarking Studie*. Siepmann Media.

Stalder, F. (2016). *Kultur der Digitalität*. Suhrkamp.

Stalder, F. (2019). „Den Schritt zurück gibt es nicht". Wie die Kultur der Digitalität das Wissen verändert und was das für die Bildung bedeutet. In E. Haberzeth & I. Sgier (Hrsg.), *Digitalisierung und Lernen: Gestaltungsperspektiven für das professionelle Handeln in der Erwachsenenbildung und Weiterbildung* (S. 44–61). hep.

Stang, R. (2021). Körper, Leib und Raum. Dimensionen eines untrennbaren Verhältnisses. *Zeitschrift für Sozialmanagement, 19*(1), 11–22.

Stoller-Schai, D. (2020). Digitales Lernen führt zu einer Renaissance des analogen Präsenzlernens. https://www.elearning-journal.com/2020/02/12/stollerschai/. Zugegriffen: 18. Aug. 2021.

Sturm, M. (2021). Digitalität als Ort der Ausgrenzung und sozialer Gerechtigkeit. *Hessische Blätter für Volksbildung, 71*(2), 85–94.

Vollbrecht, R. (2018). Medienbildung in digitalisierten Welten. *merz | medien + erziehung, 62 (5)*, 25–31.

Weinberger, A., & Niegemann, H. (2021). „Guten Tag, ich bin Bildungstechnologe!" Professionalisierung der Bildungstechnologie durch deren disziplinäre Verortung. *Weiter bilden, 2*, 36–39.

Wuppertaler Kreis. (2019). *Trends in der Weiterbildung Verbandsumfrage 2019*. Wuppertaler Kreises e. V.

Zorn, I. (2021). Scoring – Konsequenzen für die Bildung in demokratischen Gesellschaften. In H. Gapski & S. Packard (Hrsg.), *Super-Scoring? Datengetriebene Sozialtechnologien als neue Bildungsherausforderung* (S. 205–221). Kopaed.

Printed in the United States
by Baker & Taylor Publisher Services